LOS DONES ESPIRITUALES

LOS DONES ESPIRITUALES

Un estudio práctico con relatos inspiracionales
de los dones sobrenaturales de Dios

David K. Bernard

Los Dones Espirituales

por David K. Bernard

©2002 David K. Bernard
Reprint History: 2012, 2015
Hazelwood, MO 63042-2299

ISBN 1-56722-594-2

Todas las citas de la Escritura son de la traducción Reina-Valera a menos que se indique otra cosa. La Versión Reina–Valera (RVR), registra la propiedad literaria de 1979, 1980, 1982 por Thomas Nelson Inc., Publicadores. Algunas citas de la Escritura son de la Versión Rey Santiago (KJV), y algunas citas de la Escritura son de la Nueva Versión Internacional (NIV), registra la propiedad literaria de 1973, 1978, 1984 por la Sociedad Internacional de la Biblia.

Todos los derechos reservados. Ninguna porción de esta publicación puede ser reproducida, guardada en un sistema electrónico, o transmitida en cualquier forma o por cualquier medio, sea electrónico, mecánico, fotocopiado, grabado, sin el permiso previo del autor David K. Bernard. Pueden usarse las citas breves en las revisiones literarias.

Impreso en Estados Unidos de América.

Impreso por

WORD AFLAME PRESS
8855 Dunn Road, Hazelwood, MO 63042
www.pentecostalpublishing.com

A los santos de
La Iglesia Pentecostal Unida
Vida Nueva
Austin, Texas, EE.UU.

ÍNDICE

Prefacio 9
1. Los Dones Espirituales en la Biblia 13
2. Los Dones Espirituales Sobrenaturales 29
3. El Propósito de los Dones Espirituales 41
4. El Ejercicio de los Dones Espirituales 51
5. I Corintios 12: Los Dones Espirituales
   en el Cuerpo de Cristo 73
6. I Corintios 13: El Amor en el Ejercicio
   de los Dones Espirituales 91
7. Sabiduría, Ciencia, y Discernimiento
   de Espíritus 99
8. Fe y Milagros 117
9. Sanidad 131
10. Fe Para Recibir Sanidad 153
11. La Imposición de Manos 165
12. Las Lenguas e Interpretación 175
13. Profecía 195
14. I Corintios 14: Los Dones Vocales
    en el Culto Público 207
   Conclusión 229

PREFACIO

Una de las cosas distintivas del movimiento Pentecostal es su énfasis en la manifestación de los dones sobrenaturales del Espíritu, obrando en la iglesia hoy. En la última mitad del siglo veinte, muchas personas de cada denominación experimentaron estos dones, dando origen al movimiento carismático y luego a la "tercera ola" (evangélicos que no se identifican a sí mismos como Pentecostales o Carismáticos pero que apoyan las señales y maravillas). Diversas teorías y prácticas, incluso algún mal uso y abuso, se han suscitado con este renuevo de los dones espirituales.

El propósito de este libro es de presentar la teología bíblica acerca de los dones sobrenaturales del capítulo 12 de I Corintios para todos los que han experimentado la obra milagrosa del Espíritu Santo. Usando las Escrituras como nuestra base y autoridad, intentaremos definir lo que significan los dones espirituales, investigar su naturaleza, y hablar acerca de su función y uso apropiados.

Aunque la experiencia no debe ser nuestra autoridad, nos sirve como un papel vital para desarrollar un entendimiento práctico sobre este tema. A principios del siglo veinte, los primeros Pentecostales descubrieron la enseñanza bíblica sobre el bautismo del Espíritu Santo,

LOS DONES ESPIRITUALES

el hablar en lenguas, y sobre los dones del Espíritu, y ellos buscaron recibir y poner en práctica estas verdades. Al derramar Dios de Su Espíritu con las señales que le seguían, lo que ellos encontraron una vez oscuro y misterioso, o meramente teórico, de repente se volvió en una clara y viviente realidad. Al dejarse guiar por la dirección del Espíritu, consultando con la Biblia, ellos pudieron corregir abusos y conceptos equivocados sobre el propósito de la operación de los Dones Espirituales. Debemos hacer lo mismo hoy en día. Debemos interpretar toda experiencia de acuerdo a la Biblia y basar todas nuestras prácticas en la Biblia. Al mismo tiempo, analizaremos nuestras teorías acerca del significado de la Palabra de Dios, para examinar la obra continua del Espíritu Santo en el mundo, la iglesia y en nuestras vidas diarias. La interacción entre nuestras teorías y nuestras experiencias nos ayudarán a entender y a recapturar completamente el verdadero significado del texto bíblico. Equipados así, podremos hacer conforme nuestras creencias y practicas a la voluntad de Dios, como se revela en la Escritura.

En este asunto, he sido tremendamente bendecido de tener una rica herencia apostólica pentecostal, y una inusual diversidad de experiencias que me han ayudado a proporcionar una perspectiva sobre este tema. Empezando en el año de 1965, mis padres sirvieron como misioneros a Corea por más de veinte años. Ellos establecieron iglesias en Louisiana antes y después de su servicio en el extranjero. Yo crecí en misiones tanto nacionales como foráneas, entre campañas evangelísticas, milagros, señales, maravillas y crecimiento de la iglesia.

A mi regreso a los Estados Unidos a la edad de

Prefacio

diecisiete años para estudiar en la Universidad, llegué a ser parte de una gran iglesia multicultural en el corazón de Houston, Texas, y más tarde, en una pequeña iglesia en Austin, Texas. Empecé mi ministerio cristiano a tiempo completo en 1,981, sirviendo primeramente como parte de un Instituto Bíblico y en una iglesia grande en Jackson, Mississippi, y luego sirviendo a la sede mundial de la Iglesia Pentecostal Unida Internacional, y a una iglesia mediana en el suburbio de San Louis, Missouri. En el año 1992, mi esposa y yo establecimos una congregación en Austin, donde, como pastor, la he visto crecer de un grupo congregándose en nuestra casa, a un grupo congregándose en un edifico alquilado de trece mil pies cuadrados, construido en cuatro hectáreas de terreno, compartiendo sus facilidades, con otro grupo.

En este momento (el año 1997), he tenido la oportunidad de visitar cincuenta y ocho países, de realizar veinte y siete viajes como misionero a medio tiempo y de ministrar en veinte y ocho países en cinco continentes. He visitado los cincuenta estados de los Estados Unidos de Norte América, predicando y enseñando en cuarenta y dos estados. En total, he ministrado en un aproximado de 245 iglesias o ciudades en los Estados Unidos y en 75 ciudades de otros países, incluyendo varias conferencias, retiros, seminarios, campamentos de jóvenes, y reuniones de campo.

Mi propósito al mencionar todo esto, no es con el propósito de alabarme o proclamar grandes cosas de mi mismo, sino la de divulgar mi trayectoria y variedad de experiencia para así poder ser un testigo creíble y efectivo de lo que proclamo. Muchas veces, he tenido el privilegio

LOS DONES ESPIRITUALES

de ver todos los dones sobrenaturales del Espíritu en acción en numerosas culturas y escenarios, tanto en mi país como en el extranjero, de pequeños grupos en casa a multitudes en grandes estadios. A través del libro, yo cito ejemplos de mi propia observación y experiencia, no para insinuar que soy algo especial, sino todo lo contrario; para testificar de primera mano que todos los creyentes y ministros hoy en día pueden experimentar los dones sobrenaturales del Espíritu.

La idea para el bosquejo de este libro tuvo su inicio por haber enseñado teología sistemática por cinco años en el Seminario de Ministérios de Jackson, en Jackson, Mississippi. El borrador fue trascrito de una clase de extensión del Instituto Bíblico de Texas que fue enseñada en los recintos de la Universidad Concordia en Austin. A menos que sea indicado de otra manera, las citas bíblicas son tomadas de la Versión Reina-Valera Revisada del año 1960.

Deseo agradecer a Claire Borne por escribir a máquina el borrador y a mi madre, Loretta Bernard, por compartir sus experiencias y sugerencias. Como siempre, agradezco a mi esposa, Connie Bernard, por su paciencia, apoyo, e invalorables contribuciones en muchas formas a mi vida, mi familia y ministerio.

No escribo como un experto en los dones espirituales, sino como uno que cree que cada creyente puede recibir un conocimiento activo de estos dones de la Biblia en sí mismo, que cada persona llena del Espíritu Santo potencialmente puede ejercer cualquiera de ellos, según Dios lo permita, y que es el deseo de Dios que ellos operen en cada cuerpo local de creyentes.

CAPÍTULO UNO

LOS DONES ESPIRITUALES EN LA BIBLIA

La biblia enseña que cada creyente es y debe funcionar como una parte vital del cuerpo de Cristo. Dios ha concedido muchos dones sobre Su iglesia. El ha dotado a los miembros con habilidades especiales y ministerios para beneficio de todo el cuerpo tanto a nivel nacional, como a nivel mundial.

Tres pasajes en el Nuevo Testamento—Romanos 12, Efesios 4, y I Corintios 12—mencionan algunos dones que Dios ha otorgado a Su iglesia. Romanos 12 habla de las habilidades, talentos, o funciones que Dios da a todos los creyentes. Efesios 4 identifica los oficios especiales del liderazgo y ministerio que Dios ha dado a la iglesia. En I Corintios 12 hallamos señales sobrenaturales, prodigios, y milagros que se suceden por la operación directa y el poder del Espíritu Santo. Para hacerlo más claro, nombraremos estas tres listas respectivamente como los dones de servicio, los dones del oficio ministerial, y los dones sobrenaturales. En este capítulo hablaremos

LOS DONES ESPIRITUALES

acerca de los dones de servicio y los dones del oficio ministerial; El resto del libro será dedicado a los dones espirituales sobrenaturales de I Corintios 12-14.

Las tres listas de los dones, son como sigue:

Los Dones de Servicio *(Romanos 12:6-8)*
1. Profecía
2. Ministerio
3. Enseñanza
4. Exhortación
5. Repartir
6. Presidir (de acuerdo a la RVR)
7. Mostrando misericordia.

Los Dones del Oficio Ministerial *(Efesios 4:11)*
1. Apóstoles
2. Profetas
3. Evangelistas
4. Pastores
5. Maestros

Seek good explanation on the diff. between these 2 - people confused often.

Los Dones Espirituales Sobrenaturales *(I Corintios 12:8-10)*
1. Palabra de sabiduría
2. Palabra de ciencia
3. Fe
4. Dones de sanidad
5. El hacer milagros
6. Profecía
7. Discernimiento de espíritus *Necessary!*
8. Diversos géneros de lenguas
9. Interpretación de lenguas

Hallamos también en I Corintios 12:28-30 una lista que combina elementos de cada uno de las categorías precedentes:
1. Apóstoles
2. Profetas
3. Maestros
4. Milagros (también "hacedores de milagros," versículo 29)
5. Dones de sanidades
6. Ayudas (similar a "ministerio")
7. Administraciones
8. Variedades de lenguas
9. Interpretación de lenguas (versículo 30).

LOS DONES DE SERVICIO

"Digo, pues, por la gracia que me es dada, a cada cual que está entre vosotros, que no tenga más alto concepto de sí que el que debe tener, sino que piense de sí con cordura, conforme a la medida de fe que Dios repartió a cada uno. Porque de la manera que en un cuerpo tenemos muchos miembros, pero no todos los miembros tienen la misma función, así nosotros, siendo muchos, somos un cuerpo en Cristo, y todos miembros los unos de los otros. De manera que, teniendo diferentes dones, según la gracia que nos es dada, si el de profecía, úsese conforme a la medida de la fe; o si de servicio, en servir; o el que enseña, en la enseñanza; el que exhorta, en la exhortación; el que reparte, con liberalidad; el que preside, con solicitud; el que hace misericordia, con alegría" (Romanos 12:3-8).

LOS DONES ESPIRITUALES

En este pasaje, Pablo habló por la gracia dada a él, a saber, en virtud de su llamamiento divino como un apóstol. Al hacerlo, llegó a ser un ejemplo de su propio mensaje. Su mensaje inspirado a cada creyente individual es: debemos ser humildes, reconociendo que Dios es el autor de todo lo que logramos espiritualmente. No debemos pensar de nosotros mismos muy altamente, pero debemos pensar con el juicio sobrio.

Debemos hacer esta seria estimación de acuerdo con la fe que Dios nos ha dado. No tenemos ninguna razón para estimarnos más altamente que otros, cuando nos damos cuenta de que Dios es la fuente de nuestra fe y que Dios ha dado fe a todos en la iglesia.

Como una analogía, el cuerpo humano tiene muchas partes, pero no todos estos miembros tienen la misma función. Hay un cuerpo pero muchos miembros—un cuerpo pero diferentes funciones. Similarmente, la iglesia es el cuerpo de Cristo, y los cristianos son todos miembros de ese cuerpo. (Véase también I Corintios 12:12-27.) Así cada uno es parte de los demás; cada uno es dependiente, el uno del otro.

Los diferentes miembros de la iglesia tienen diferentes oficios y dones, tal como las partes del cuerpo tienen diferentes funciones. Por esta razón no nos atrevemos a compararnos con nosotros mismos (II Corintios 10:12), pero debemos reconocer una diversidad de funciones y reconocer el valor de los diferentes miembros del cuerpo. Debemos tratar de identificar nuestros dones particulares y ejercerlos en lo mejor posible para el beneficio de todo el cuerpo. En vez de tratar de cumplir cada tarea en el cuerpo, debemos concentrar en las funciones particulares

Los Dones Espirituales en la Biblia

que Dios nos ha dado y debemos hacerlas bien.

La palabra griega para "dones" aquí es *charismata*, el plural de *charisma*. También se usa en referencia a los nueve dones espirituales de I Corintios 12. Esta palabra esta relacionada a *charis*, o "gracia," que se refiere a la libre y no merecida bendición y obra de Dios. La connotación es que estos dones son dotaciones de Dios, gratuitas, no merecidas, y milagrosas.

En el contexto, Pablo citó siete ejemplos de su tesis. Su manera de presentación revela que la lista de dones aquí no es exhaustiva sino representativa o ilustrativa de las maneras en que Dios usa a los individuos en Su iglesia. Hay muchos otros aspectos de servicio cristiano que este pasaje no identifica específicamente.

También podemos describir estos dones de servicio, como funciones espirituales o ministerios (avenidas de servicio) en la iglesia. Una persona puede ejercer varios de ellos, y pueden ser dones que traslapan un poco.

Estos verdaderamente son dones de Dios y no simplemente logros humanos. Aunque hay algunas habilidades humanas naturales que corresponden a esta lista, por lo menos en parte, aún los talentos que recibimos por naturaleza o crianza tienen su última fuente en el diseño, propósito, y gracia de Dios. Además, la obra de Dios de la gracia en el Cristiano lo capacita para ejercer sus capacidades en el reino espiritual y para el beneficio de la iglesia, transcendiendo su capacidad carnal humana. En la vida del cristiano, Dios puede santificar, edificar, y añadir a los talentos que tenía antes que él se convirtiera a Dios, o Dios puede darle unos talentos completamente nuevos. En cualquier sentido, estos dones vienen por la

LOS DONES ESPIRITUALES

gracia de Dios.

El primer don en la lista, *profecía*, significa un mensaje divinamente inspirado, o hablar bajo unción divina para edificar a otros. No necesariamente involucra una predicción del futuro. Puede referirse específicamente a un mensaje público sobrenatural en el idioma de la concurrencia (I Corintios 14:29-31), pero aquí parece tener el significando más general de testimonio, proclamación, o predicación ungidos. (Véase Hechos 2:17; I Corintios 14:3; Apocalípsis 19:10.) Los predicadores laicos, incluyendo a aquéllos que hablan en cultos o en varias instituciones, como en las cárceles y asilos, son un buen ejemplo de este don en operación.

Si alguien tiene este don, debe ejercerlo en proporción a su fe—tanto como la medida de su fe lo capacite. Quizás esta declaración significa que él deba testificar o predicar conforme con la fe (la doctrina o el cuerpo de creencia).

Ministerio significa servicio a otros, particularmente servicio en la iglesia. Algunas personas son dotadas especialmente con una actitud y habilidad de servicio en ciertas capacidades. La palabra griega es *diakonia*, que es una palabra amplia que cubre una variedad de servicio, obra, o asistencia. También puede referirse específicamente a la obra de un diácono, quien ayuda con los negocios y asuntos organizacionales en una iglesia local. (Véase Hechos 6:1-6; I Timoteo 3:8-13.)

Entonces hay el don de *enseñanza* e instrucción. Los maestros de Estudios Bíblicos en el hogar y los maestros de Escuela Dominical son ejemplos modernos de personas quienes operan este don.

Los Dones Espirituales en la Biblia

Exhortación significa dar ánimo o consuelo. Algunas personas ejercen este don por testimonio público, mientras otros lo hacen principalmente por contacto personal de distintas formas incluyendo la amistad, llamadas telefónicas, las cartas, y tarjetas. José era tan conocido por su uso de este don que los apóstoles le dieron el sobrenombre de Bernabé, que significa "el Hijo de estímulo, o consolación." (Véase Hechos 4:36; 9:26-27.)

El don de *repartir* es compartir bendiciones materiales con otros y con la iglesia. Algunas personas son bendecidas más notablemente que otras, con los medios y la oportunidad de dar a la causa de Dios. No deben considerar sus bendiciones materiales como un indicio de superioridad, sino como una dádiva de Dios para el propósito de ayudar a Su reino de una manera especial. No deben ser egoístas sino generosos, reconociendo que en el plan de Dios tienen mayor capacidad y responsabilidad para dar que la mayoría de los demás.

Presidir habla de dirección e influencia dentro de la iglesia. Los líderes deben ejercer su papel con diligencia, cuidado, y dedicación. Dios ha ordenado gobernadores o líderes en Su iglesia. Es importante someternos a la autoridad humana en la iglesia (Hebreos 13:17), con tal de que los líderes humanos ejerzan su autoridad bajo Dios, de acuerdo a las pautas de Su Palabra. La iglesia tiene necesidad de varias personas con capacidades de liderazgo y administración. Además del pastor y el equipo pastoral, la congregación exitosa tendrá líderes capaces sobre varios departamentos y actividades tanto como hacedores de influencia de opiniones y ejemplos que puedan o no tener una posición oficial.

LOS DONES ESPIRITUALES

Hacer misericordia, significa ser misericordioso y bondadoso con otros. Puede incluir visitar a los enfermos, ayudar a los pobres, y ayudar a las viudas y huérfanos. (Véase Mateo 25:31-46; Gálatas 2:10; Santiago 1:27; 2:15-17.) Una persona que desarrolle este papel debe hacerlo alegremente, y no a regañadientes, tristemente o con aire de superioridad.

A cierta medida, cada cristiano maduro debe poder funcionar en las siete áreas recién nombradas. Todo cristiano debe ser un testigo eficaz para servir, para animar, para dar, y para mostrar misericordia. Todos deben tener una capacidad básica para instruir a los inconversos en el plan de la salvación y para guiar a nuevos conversos en el camino del Señor. Sin embargo, este pasaje nos dice que cada Cristiano tiene alguna área de fuerza especial, dada por Dios. Aunque debemos siempre estar "dispuestos a toda buena obra" (Tito 3:1), debemos discernir lo que son nuestros puntos fuertes y usarlos eficazmente.

En resumen, cada cristiano tiene un don, papel, o función particular en la iglesia, o posiblemente varios de ellos. Lo que Dios le haya dado que hacer, debe ejercerlo al máximo de su capacidad, pero siempre con humildad.

LOS DONES DEL OFICIO MINISTERIAL

"Por lo cual dice: Subiendo a lo alto, llevó cautiva la cautividad, Y dio dones a los hombres . . . Y él mismo constituyó a unos, apóstoles; a otros, profetas; a otros, evangelistas; a otros, pastores y maestros, a fin de perfeccionar a los santos para la obra del ministerio, para la edificación del cuerpo de Cristo,

Los Dones Espirituales en la Biblia

hasta que todos lleguemos a la unidad de la fe y del conocimiento del Hijo de Dios, a un varón perfecto, a la medida de la estatura de la plenitud de Cristo; para que ya no seamos niños fluctuantes, llevados por doquiera de todo viento de doctrina, por estratagema de hombres que para engañar emplean con astucia las artimañas del error, sino que siguiendo la verdad en amor, crezcamos en todo en aquel que es la cabeza, esto es, Cristo, de quien todo el cuerpo, bien concertado y unido entre sí por todas las coyunturas que se ayudan mutuamente, según la actividad propia de cada miembro, recibe su crecimiento para ir edificándose en amor" (Efesios 4:8, 11-16).

Este pasaje presenta lo que es llamado muchas veces el ministerio quintuple. Los cinco ministerios que se enumeran, no son simplemente los dones de Dios a individuos dentro de la iglesia, sino son dones de Dios (griego, *domata*) a toda la iglesia.

Aunque Romanos 12 habla de capacidades o funciones, usando tanto sustantivos como verbos para describir la operación de los dones de servicio, Efesios 4 habla de oficios, usando sustantivos para designarlos. La indicación es que los dones de Efesios 4 son ministerios más formales o definidos dentro de y para la iglesia entera. Cuando Jesús ascendió a los cielos, Él dio dones a la Iglesia—los ministros del evangelio.

Como el pasaje revela, las personas que ocupan estos oficios son líderes reconocidos en la iglesia, responsables de equipar a otros, y en esta manera ellos ayudan a la iglesia a funcionar eficazmente, madurar, y establecerse en verdades doctrinales. La naturaleza de su obra requi-

LOS DONES ESPIRITUALES

ere que sean predicadores del evangelio. En terminología moderna, típicamente les llamamos ministros, usando esta designación en un sentido especial.

La palabra "unos" aparece una vez y la palabra "otros" aparece 3 veces en el versículo 11, así modificando separadamente "apóstoles," "profetas," y "evangelistas" pero modificando a "pastores y maestros" como una unidad. Lo que se implica es que la misma persona desarrolla ambas funciones, de pastor y de maestro. De hecho, mientras el pastor debe hacer "obra de evangelista" (II Timoteo 4:5), su principal ministerio en la Palabra es el de enseñar. Él debe ser "apto para enseñar" (I Timoteo 3:2; II Timoteo 2:24). Algunos ministros tienen un llamamiento y especialidad más específicos para enseñar, pero todos los pastores también deben ser maestros.

Un *apóstol* (griego, *apostolos*), es literalmente alguien enviado con una misión, un mensajero, un embajador, un comisionado. Aunque nadie puede tomar el lugar de los doce apóstoles del Cordero (Apocalipsis 21:14), los que eran testigos oculares de Cristo, otros hoy en día cumplen un oficio apostólico sirviendo como misioneros pioneros y líderes de otros ministros.

Por ejemplo, la iglesia en Antioquía envió a Pablo y a Bernabé como los misioneros pioneros, y ellos llegaron a ser conocidos como apóstoles aunque ninguno de ellos formó parte de los doce. (Véase Hechos 13:2-4; 14:14; I Corintios 9:2.) En la misma manera, Santiago (Jacobo) el hermano del Señor era un apóstol (Gálatas 1:19). Aunque no era uno de los Doce, era el líder de la iglesia en Jerusalén. (Véase los Hechos 15:13; 21:18.) Andrónico y Junias al parecer eran apóstoles también (Romanos 16:7).

Los Dones Espirituales en la Biblia

Un *profeta* es uno que imparte mensajes especiales o una dirección de Dios. (Véase Hechos 11:27; 15:32; 21:10). Aunque muchas personas en la iglesia pueden profetizar de tiempo en tiempo, el oficio de un profeta es cumplido por alguien a quien Dios usa de esta manera en forma consistente en su ministerio público. Todos los predicadores deben predicar la Palabra de Dios y predicar bajo la unción del Espíritu Santo, pero el profeta es llamado y preparado especialmente para proclamar la voluntad específica, el propósito, y el consejo de Dios a Su pueblo. Frecuentemente comunicará mensajes acerca del plan de Dios para el futuro o la necesidad de la iglesia de tomar acción en el plan de Dios.

De los ejemplos en el Libro de los Hechos, es evidente que los oficios de apóstol y profeta son para la iglesia en todo tiempo. Durante los siglos, muchos falsos apóstoles y profetas se han levantado, reclamando aquellos títulos en un esfuerzo de afirmar su autoridad suprema en la iglesia (I Juan 4:1; Apocalípsis 2:2). Sin embargo, la Biblia es nuestra única autoridad para la salvación y para la vida Cristiana, y aquéllos que proclaman cualquier otro evangelio son anatema (Gálatas 1:8-9; II Timoteo 3:15-17). Puede ser que no sea una cosa sabia que alguien reclame ser apóstol o profeta, ni que otros lo promuevan así. Pero debemos reconocer, animar, y prestar atención a los ministerios apostólicos y proféticos en nuestro medio.

Un *evangelista* es literalmente un predicador del evangelio. Él proclama las buenas nuevas para el beneficio de los inconversos. (Véase Hechos 21:8; II Timoteo 4:5.) Este término bíblico no se limita a la usanza moderna de un predicador itinerante, quien conduce cultos especia-

LOS DONES ESPIRITUALES

les. Más bien, connota la idea de un ministro quién es particularmente eficaz en ganar almas, sea por medio de testificar persona a persona, o por medio de la predicación pública.

Un *pastor* es uno que guía y cuida el pueblo de Dios. La Biblia también habla de él como un obispo (literalmente, "supervisor") y como un anciano. (Véase Hechos 14:23; 20:17, 28; I Timoteo 3:1-7; Tito 1:5-9.)

I Pedro 5:1-4 describe el papel del pastor como guiar, supervisar e instruir a los creyentes bajo su cuidado: "Ruego a los ancianos que están entre vosotros, yo anciano también con ellos, y testigo de los padecimientos de Cristo, que soy también participante de la gloria que será revelada: Apacentad la grey de Dios que está entre vosotros, cuidando de ella, no por fuerza, sino voluntariamente; no por ganancia deshonesta, sino con ánimo pronto; no como teniendo señorío sobre los que están a vuestro cuidado, sino siendo ejemplos de la grey. Y cuando aparezca el Príncipe de los pastores, vosotros recibiréis la corona incorruptible de gloria."

El Nuevo Testamento siempre habla de ancianos en el plural, indicando que en cada ciudad la iglesia fue dirigida por un equipo pastoral. Las escrituras, la historia, y el sentido común, todos indican que había un pastor principal o un anciano dirigente. (Véase los capítulos 2-3 de Apocalipsis, en los cuales Jesús dirigió una carta al "ángel," literalmente "mensajero," de cada una de las siete iglesias en Asia Menor.) Hoy podemos pensar en los ancianos de la iglesia en una ciudad, como el pastor principal y el equipo pastoral de una iglesia local, o como los pastores de varias congregaciones en una ciudad quienes

Los Dones Espirituales en la Biblia

cooperan como parte de la misma organización. Un *maestro* es uno que instruye en la Palabra de Dios. (Véase Hechos 13:1.) Como ya hemos visto, en este contexto, describe específicamente el papel de predicar y enseñar como un supervisor en una iglesia local. Aunque muchas personas en la iglesia pueden tener el don de enseñar y pueden enseñar eficazmente en distintos ambientes, tales como clases de la Escuela Dominical y Estudios Bíblicos en los hogares, el oficio del pastor-maestro les es superior. El pastor-maestro es el principal predicador y maestro de la Palabra. Dios no solo le ha dado el don de enseñar, pero Dios lo ha dado a la iglesia como su maestro y supervisor.

El versículo 12 explica el propósito por lo cual Dios ha dado apóstoles, profetas, evangelistas, pastores y maestros a la iglesia. En este caso, un estudio del texto griego y varias traducciones revela que hay un solo propósito con una progresión triple, como sigue:

1. Dios da a la iglesia los oficios ministeriales "a fin de perfeccionar" a los santos.

2. Los santos están equipados para que puedan hacer "la obra del ministerio." Aquí "ministerio" significa "servicio," o todas las funciones de la iglesia. Cada creyente debe tener un ministerio—no necesariamente un ministerio público de predicar, sino un lugar específico de servicio en el cuerpo de Cristo. Es la tarea de los apóstoles, profetas, evangelistas, pastores y maestros de ayudar a cada santo a hallar su obra ministerial y de prepararle para que pueda hacer aquella tarea correctamente dentro del cuerpo. Los que ocupan los cinco oficios ministeriales deben inspirar, motivar, discipular, instruir, y preparar a

25

los santos para que todos sean miembros activos y productivos del cuerpo.

3. Cuando cada miembro del cuerpo cumple con su debida función, todo el cuerpo será edificado. La meta es de lograr la madurez en Cristo. Comenzando con "la unidad del Espíritu en el vínculo de la paz" (Efesios 4:3), debemos procurar "la unidad de la fe y del conocimiento del Hijo de Dios, a un varón perfecto, a la medida de la estatura de la plenitud de Cristo" (Efesios 4:13).

Según Efesios 4:14-16, cada cuerpo local de creyentes debe buscar varias características específicas en su crecimiento hacia la madurez:

1. Estableciéndose en la fe para que no sean movidos por doctrina falsa y líderes falsos.

2. Siguiendo la verdad en amor. Ellos aprenden a ministrar unos a otros y a los incrédulos, con un equilibrio de honestidad y compasión, de igual manera valorando y manifestando la verdad y el amor.

3. Sometiéndose al señorío del Señor Jesucristo en todas las cosas y dependiendo de Su divina providencia para todas las cosas.

4. Aprendiendo todos a contribuir con su parte a la obra de la iglesia, para que el cuerpo pueda crecer y edificarse en amor.

RESUMEN

Los dones de servicio del Capítulo 12 de Romanos son ejemplos de cómo Dios da a cada miembro de la iglesia una o más habilidades especiales para poder funcionar productivamente en el cuerpo. Los dones del oficio ministerial de Efesios 4 son la dotación de Dios a la iglesia tanto nacional como mundial con el propósito de equipar a los miembros para sus tareas asignadas.

Además, Dios ha dado a la iglesia los dones espirituales sobrenaturales de I Corintios 12 como señales milagrosas para atestiguar a la obra de la iglesia y como dotaciones milagrosas para extender la obra de la iglesia. Vamos a fijar nuestra atención en los dones de revelación, poder, y el hablar.

CAPÍTULO DOS

LOS DONES ESPIRITUALES SOBRENATURALES

"No quiero, hermanos, que ignoréis acerca de los dones espirituales. Ahora bien, hay diversidad de dones, pero el Espíritu es el mismo. Y hay diversidad de ministerios, pero el Señor es el mismo. Y hay diversidad de operaciones, pero Dios, que hace todas las cosas en todos, es el mismo. Pero a cada uno le es dada la manifestación del Espíritu para provecho. Porque a éste es dada por el Espíritu palabra de sabiduría; a otro, palabra de ciencia según el mismo Espíritu; a otro, fe por el mismo Espíritu; y a otro, dones de sanidades por el mismo Espíritu. A otro, el hacer milagros; a otro profecía; a otro, discernimiento de espíritus; a otro, diversos géneros de lenguas; y a otro, interpretación de lenguas. Pero todas estas cosas las hace uno y el mismo Espíritu, repartiendo a cada uno en particular como él quiere" (I Corintios 12:1-11).

LOS DONES ESPIRITUALES

I Corintios 12 habla de "dones" como dotaciones milagrosas que operan por el poder del Espíritu Santo. Hablemos ahora del carácter de estos dones espirituales sobrenaturales.

EL ORIGEN DE LOS DONES

Debemos comprender primeramente que el dador de éstos dones es el Espíritu Santo. El Espíritu es Dios mismo, con referencia particular a Su esencia y acción espiritual. (Véase Génesis 1:1-2; Juan 4:24.) En este contexto, el Espíritu es Dios obrando en las vidas humanas. I Corintios 12:4-7 explica claramente que Dios es la fuente de aquellos dones. Aunque los dones difieren y varían su manera de administración, el único Dios verdadero es el autor de todos ellos. Dios es el que da a todos, y Dios es el que hace la obra.

EL CARÁCTER SOBRENATURAL DE LOS DONES

Específicamente, estos dones son sobrenaturales. Este pasaje los describe como "operaciones" de Dios y como "la manifestación del Espíritu." Una manifestación es una demostración o exhibición; el verbo "manifestar" significa revelar o mostrar claramente.

Entonces es un error definir estos dones en términos de habilidades naturales humanas, como hacen algunos comentaristas, quienes no creen que haya milagros hoy en día. Por ejemplo, ellos definen la palabra de sabiduría como tener un buen juicio y una capacidad de aconsejar; los dones

Los Dones Espirituales Sobrenaturales

de sanidad como la capacidad de ser un buen doctor o una buena enfermera, y el don de lenguas como la capacidad de aprender bien otros idiomas. Pero según tales definiciones, alguien que nunca ha sentido la presencia de Dios, y mucho menos ha recibido el Espíritu de Dios, podría ejercer estos dones tan eficazmente como los creyentes.

Por supuesto, en un sentido general, toda capacidad y talento viene de Dios. Él creó a los seres humanos a Su imagen, como seres espirituales, morales e intelectuales con todas las cualidades que ésta descripción abarca. Pero este pasaje no simplemente habla en forma general de los dones que fluyen de la gracia de Dios (como podríamos mantener en relación a los dones de servicio en Romanos 12). Al contrario, I Corintios 12 se enfoca en lo sobrenatural al describir estos dones como "espirituales."

Hebreos 2:3-4 subrayan el carácter sobrenatural de "los dones del Espíritu Santo": "¿Cómo escaparemos nosotros, si descuidamos una salvación tan grande? La cual, habiendo sido anunciada primeramente por el Señor, nos fue confirmada por los que oyeron, testificando Dios juntamente con ellos, con señales y prodigios y diversos milagros y repartimientos del Espíritu Santo según su voluntad."

El don de lenguas es un buen ejemplo. La discusión en I Corintios 14 claramente revela que no es un don de aprender idiomas, sino es un don de hablar milagrosamente en idiomas que ni la persona que habla, ni la concurrencia, comprenden.

DADOS CONFORME A LA VOLUNTAD DE DIOS

Poder comprender el origen y el carácter de estos

dones es vital para poder identificarlos y ejercerlos correctamente. Por ejemplo, un grupo carismático anunció que estaba conduciendo un seminario acerca de la profecía. Prometió enseñar a cada alumno cómo profetizar y prometió además que cada alumno recibiría una profecía personal antes del fin del seminario.

Sin embargo, si los dones operan de acuerdo a la administración de Dios, ¿cómo pueden los seres humanos garantizar quienes ejercerán los dones específicos? y ¿cuándo lo harán? Hay gran valor en aprender acerca de los dones espirituales y aprender a rendirse al Espíritu de Dios para que estemos preparados para que Dios nos use. Sin embargo, es presuntuoso sugerir que cualquier ser humano pueda conceder un cierto don a alguien o ejercer un cierto don cuando lo disponga. No podemos enseñar a nadie cómo profetizar u obrar milagros. Sí podemos enseñar a la gente cómo presentarse para que el Espíritu de Dios pueda obrar por medio de ellos, pero siempre debemos reconocer que Dios es el que dota y capacita los dones de acuerdo a Su propósito soberano. (Véase I Corintios 12:11; Hebreos 2:4.)

Podemos orar con gente y asegurarles que Dios les escuchará y responderá. Podemos orar por la dirección de Dios y después compartir con un individuo lo que Dios nos revela. Sin embargo, al hacer esto, debemos tener cuidado de mantener el enfoque en Dios y en Su voluntad.

Como ya se ha dicho en el capítulo 4, somos canales del Espíritu de Dios, y El espera que ejerzamos los dones de acuerdo a Su Palabra. Debemos regularnos a nosotros mismos para que no abusemos de los dones. (Véase I Corintios 14:32.) Nuestra voluntad juega un papel

Los Dones Espirituales Sobrenaturales

importante en el ejercicio de los dones espirituales, pero debemos siempre recordar que ellos se originan en la mente y el poder de Dios.

La consideración más importante no es nuestra voluntad, sino la voluntad de Dios. Al orar por alguien debemos orar de acuerdo con la voluntad de Dios. Por ejemplo, si un creyente está enfermo es la voluntad de Dios que oremos por él, porque la Biblia nos enseña a hacerlo así. (Véase Santiago 5:14.) Sin embargo, no podemos garantizar la sanidad en la manera y el tiempo que el creyente desearía a menos que escuchemos algo específico de Dios. Basado en la Palabra de Dios, lo que sí podemos prometer es que Dios oirá nuestra oración y que Dios nos ayudará. Debemos orar y creer en Dios por la sanidad, pero no podemos dictar la manera precisa en que Dios escoge obrar.

Muchas veces Dios contesta con un milagro instantáneo, pero en otros casos no responde así. En ambos casos, Dios esta obrando. Si no libra inmediatamente a una persona de su prueba, entonces, dará la gracia suficiente para permanecer en ella. (Véase I Corintios 10:13; II Corintios 12:8-10.) En ambas instancias, Dios responde positivamente a la oración.

Aunque diga no a una petición especifica, El dará la gracia y la fuerza para lograr Su voluntad en las circunstancias.

En resumen, no debemos enfocarnos en nuestro propio esfuerzo, o en lo que hemos realizado, sino en ser una vasija y un canal, para que Dios pueda hacer lo que El quiera hacer en cualquier situación. No es necesariamente nuestra responsabilidad comprender las razones por las respuestas de Dios, pero sí es nuestra responsabilidad seguir orando, creyendo, y persistiendo hasta que llegue la victoria.

Puesto que los Dones espirituales son de Dios, debemos atraer la atención a lo que Dios está haciendo, y no a lo que están haciendo los seres humanos.

Es preocupante cuando el énfasis primordial se pone en "los ministerios de fulano de tal" o "en el ejercicio de ciertos dones en particular". También es preocupante cuando la gente promueve un don como la sanidad, la profecía, o como palabra de ciencia, como un fin, en sí mismo, o como un medio de exaltar la reputación de un predicador en vez de promover el propósito divino detrás de los dones. Por ejemplo, los dones de sanidad muchas veces son eficaces en edificar la fe y dar comienzo a un avivamiento que trae muchas almas a la salvación. (Véase por ejemplo Hechos 3:1-11; 4:4.) Sin embargo, si una reunión o un ministerio se enfoca en la sanidad mientras descuida el mensaje de la salvación, entonces el propósito de Dios en conceder la sanidad no se cumple por completo.

DADOS PARA LOS TIEMPOS DE NECESIDADES ESPECIALES

Dios concede los dones espirituales de I Corintios 12 para tiempos de necesidad espiritual o para tiempos de crisis. En la iglesia la operación de los dones sobrenaturales debe ser normal, y no anormal; esperada, y no inesperada. Sin embargo, los dones no operan continuamente. Si así fuera, no los consideraríamos como sobrenaturales.

Para ilustrar esto, en los libros del evangelio y en

Los Dones Espirituales Sobrenaturales

los Hechos multitudes fueron sanados y varias personas fueron resucitadas de los muertos. Sin embargo, todos los miembros de la iglesia primitiva murieron eventualmente sin ser resucitados, y presuntamente la mayoría murió de alguna enfermedad que no fue sanada. Los dones de sanidad y el obrar de milagros eran comunes, pero no se operaban en cada situación.

Sin duda, muchas veces Jesús pasó por el lado del hombre inválido pero no lo sano en aquellas veces; sin embargo, cuando se encontró con Pedro y Juan en Hechos 3, fue sanado. Aunque Dios levantó de los muertos a Dorcas según Hechos 9, no le resucitó al Apóstol Santiago quien fue asesinado según Hechos 12.

Como otro ejemplo, la "palabra de sabiduría" es una "palabra o una porción de la sabiduría divina." No opera en la vida de un creyente por 24 horas al día sino, es una revelación especial por un tiempo específico. Nadie puede conocer toda la mente de Dios todo el tiempo, pero en un tiempo especial de necesidad, Él a veces imparte a un individuo una porción de Su sabiduría sobrenatural.

I Corintios 14 provee pautas acerca del hablar en lenguas, enseñando que en reuniones públicas solamente dos o un máximo de tres personas deberían hablar en lenguas a la congregación. A la vez, un máximo de dos o tres personas deberían hablar proféticamente en una reunión. Debemos esperar estos discursos sobrenaturales en nuestros cultos de adoración; no nos deben maravillar. Sin embargo, no es la intención de Dios que los dones operen continuamente en una cierta reunión ni que dominen una reunión. Son dones especiales que operan en un momento particular por un propósito específico.

VIDA NATURAL, VIDA ESPIRITUAL, Y DONES ESPIRITUALES

Mientras examinamos el carácter sobrenatural de estos dones, debemos distinguirlos de las cualidades humanas naturales que les pueden corresponder en alguna medida tanto como de los principios espirituales que operan en la vida diaria de todos los cristianos.

Por ejemplo, podemos distinguir tres niveles de sabiduría. Primeramente, los seres humanos pueden tener sabiduría en la vida natural aun sin tener una relación con Dios. (Véase Lucas 16:8; I Corintios 2:4-6.) Un ateo puede ser sabio en planear su carrera, un criminal puede hacer preparativos sabios en conducir sus fechorías. Por supuesto, en un sentido espiritual tal persona no es sabia sino necia.

En segundo lugar, hay sabiduría en el reino espiritual que todos los creyentes poseen en cierta medida, y debe guiarles en toda su conducta. Dios imparte la sabiduría a todos los justos, a cada individuo que le busca. (Véase Proverbios 2:6-7; Santiago 1:5). Aunque la sabiduría espiritual como don de Dios sirve como una guía diaria para la vida cristiana, no es el don espiritual sobrenatural mencionado en I Corintios 12, que nos habla de manifestaciones especiales o dotaciones que Dios concede a ciertos individuos en ciertos momentos, pero no a todos en todo momento.

En tercer lugar, como hemos visto, hay una "palabra de sabiduría." En contraste a la sabiduría natural de la vida humana diaria o la sabiduría espiritual de la vida diaria cristiana, es un don sobrenatural de una porción de la sabiduría de Dios en una situación en particular.

Así, podemos observar tres niveles de ciencia: "La ciencia mundana o humana," "la ciencia espiritual," y "la palabra de ciencia."

Como otro ejemplo, hay la fe de la vida diaria, que los pecadores ponen en ellos mismos, en otras personas, en las posesiones materiales, en las tradiciones, o en los dioses falsos, pero deben poner su fe en el Dios verdadero para la salvación. (Véase I Corintios 2:5; Hebreos 11:6.) La Biblia habla también de la fe (griego, *pistis*) como parte "del fruto del Espíritu Santo" (Gálatas 5:22). En este sentido, la fe es una confianza diaria que el Espíritu de Dios desarrolla en los creyentes y que es una característica de cada cristiano maduro. Sin embargo, I Corintios 12 habla de un "don de fe" especial que no todos los cristianos reciben, aunque el Espíritu es el origen de tanto el "fruto", como el "don"; el término "fruto" describe una cualidad que se desarrolla en el proceso normal de crecimiento como un cristiano, tal como un árbol de manzana produce naturalmente manzanas. El término "don" describe una intervención directa que no viene de sus propios recursos, así como una persona recibe un regalo de un amigo.

Quizás no podamos identificar tres niveles análogos para cada don espiritual, pero estos ejemplos nos muestran que debemos comprender los dones mencionados en I Corintios 12 en el sentido sobrenatural más específico. Aunque esos dones tengan complementos o paralelos en la vida natural diaria, la vida espiritual, o ambas vidas, este pasaje describe claramente unas manifestaciones especificas del poder divino que Dios no da a los inconversos y que no da a todos los creyentes—por lo menos no los mismos dones en la misma manera a todos los creyentes.

Se hace más evidente esta distinción mientras hablamos de los dones de lenguas y de la profecía. Aunque es deseable que todos los cristianos profeticen en el sentido general de un testimonio ungido o de una exhortación, y aunque es deseable que todos los cristianos hablen en lenguas como parte de su devoción privada, no todos hablarán públicamente una profecía, una lengua, o una interpretación inspirada directamente por Dios a una congregación por una cierta ocasión. Pablo escribió, "Así que, quisiera que todos vosotros hablaseis en lenguas, pero más que profetizaseis; . . . Así que, hermanos, procurad profetizar, y no impidáis el hablar lenguas" (I Corintios 14:5, 39). También enfatizó, "Ahora bien, hay diversidad de dones, . . . Porque a éste es dada por el Espíritu palabra de sabiduría; a otro, palabra de ciencia según el mismo Espíritu; . . . A otro, el hacer milagros; a otro profecía; a otro, discernimiento de espíritus; a otro, diversos géneros de lenguas; y a otro, interpretación de lenguas" (I Corintios 12:4, 8, 10). Entonces, esperando una respuesta negativa, él preguntó retóricamente, "¿Son todos apóstoles? ¿son todos profetas? . . . ¿todos maestros? ¿hacen todos milagros? ¿Tienen todos dones de sanidad? ¿hablan todos lenguas? ¿interpretan todos?" (I Corintios 12:29-30).

DIVERSIDAD DE DONES

Tal como en Romanos 12, no parece que la lista de dones en I Corintios 12 debe ser completa. La Escritura no afirma o certifica que todas las obras milagrosas de

Los Dones Espirituales Sobrenaturales

Dios en nuestras vidas deben caber exactamente en una de las nueve categorías de I Corintios 12:8-10. Ese capítulo presenta aquella lista para ilustrar cómo Dios obra sobrenaturalmente en maneras diferentes usando diferentes miembros del cuerpo.

También parece que puede haber algo de repetición en el ejercicio de los dones. Por ejemplo, si Dios le concede a uno una palabra de ciencia y esa persona entonces la comunica a alguien más, podríamos describir sus palabras como una profecía. Si Dios le da a uno la fe en momento de crisis, puede ser que veamos el obrar de milagros al ejercer la persona su fe.

Estas observaciones indican que no debemos ser muy técnicos en nuestro esfuerzo de definir los nueve dones espirituales, ni debemos estar muy preocupados acerca de algunas variaciones menores que algunos maestros propongan en sus definiciones de los dones. El punto principal no es el de calificar lo que Dios está haciendo sino hacerse sensible, disponible al mover del Espíritu de Dios. Si identificamos una instancia específica como "la palabra de sabiduría" o "la palabra de ciencia" no es de importancia primordial, siempre en tanto que le permitamos a Dios obrar sobrenaturalmente por medio de nosotros para suplir la necesidad en una cierta situación.

Aunque no es necesario categorizar cada obra milagrosa de Dios, sí necesitamos una comprensión clara de los principios por los cuales Dios obra. Nuestra autoridad en ciertos asuntos, tal como en todos los aspectos de la vida cristiana, es la Biblia (I Timoteo 3:15-17). Debemos ser cuidadosos cuando alguien pone mucho énfasis en una manifestación sobrenatural por la cual no hay precedente bíblico o cuando alguien promueve ciertas técnicas que la Biblia no enseña explícitamente. Por cierto no podemos tratar dichos casos como normales ni sugerir que todos los sigan. Aunque no cada situación específica tendrá un paralelo bíblico, los principios por los cuales Dios opera siempre serán los mismos. Un estudio de las Escrituras revela las características de Su obra tal como los tipos de manifestaciones que Su iglesia debe esperar y buscar.

En resumen, aunque no podemos reducir las manifestaciones sobrenaturales del Espíritu a unas categorías académicas rígidas, es importante estudiar los dones y desarrollar una comprensión clara de ellos desde el punto de vista de las Escrituras.

Mientras obtengamos más conocimiento sobre este tema podemos reconocer y responder más fácilmente a la dirección de Dios en esta área y hacernos más susceptibles a todas las manifestaciones del Espíritu.

Preguntas de discusión:

Tres Categorías de Dones

Capítulos 1-2

1. ¿Conoce a alguien que es usado en los dones de servicio? Describa su don y como ayuda a la iglesia.

2. ¿Cómo son los dones de servicio diferente a los dones sobrenaturales? ¿Por qué piensa que los dos son valiosos en la iglesia local?

3. ¿Por qué piensa que algunas personas son escépticas de los dones espirituales?

4. ¿Por qué los dones espirituales no deberían reemplazar la Biblia como nuestra fuente principal para entender a Dios y su voluntad para nuestras vidas?

5. ¿Es apropiado desear los dones espirituales para nuestras vidas? Sí lo es, ¿Cuál es la motivación apropiada para este deseo?

CAPÍTULO TRES

EL PROPÓSITO DE LOS DONES ESPIRITUALES

"Mas el Consolador, el Espíritu Santo, a quien el Padre enviará en mi nombre, él os enseñará todas las cosas, y os recordará todo lo que yo os he dicho . . . Pero cuando venga el Consolador, a quien yo os enviaré del Padre, el Espíritu de verdad, el cual procede del Padre, él dará testimonio acerca de mí . . . Y cuando él venga, convencerá al mundo de pecado, de justicia y de juicio . . . Pero cuando venga el Espíritu de verdad, él os guiará a toda la verdad; porque no hablará por su propia cuenta, sino que hablará todo lo que oyere, y os hará saber las cosas que habrán de venir. El me glorificará; porque tomará de lo mío, y os lo hará saber" (Juan 14:26; 15:26; 16:8, 13-14).

"Pero a cada uno le es dada la manifestación del Espíritu para provecho" (I Corintios 12:7).

"Pero el que profetiza habla a los hombres para edificación, exhortación y consolación" (I Corintios 14:3).

LOS DONES ESPIRITUALES

EL PROPÓSITO ESENCIAL

Jesús enseñaba que después de Su ascensión, el Espíritu Santo vendría para morar dentro de los corazones de los creyentes. (Véase Lucas 24:49; Juan 7:37-39; 14:16-18; Hechos 1:4-5.) El Espíritu Santo es el consolador. En el griego original este título es *paracletos*, que significa literalmente "uno llamado al lado para ayudar", eso es, un ayudante, consolador, o abogado.

Según Juan 14 al 16, el Espíritu Santo enseñaría a los discípulos y los guiaría a toda la verdad, por medio de hacerles recordar y comprender las enseñanzas de Jesús. El Espíritu morando en ellos no llegaría a ser una nueva fuente de autoridad, sino les impartiría comprensión de la mente de Dios.

Sobre todo, el Espíritu testifica de Jesús y glorifica a Jesús. Él confirma la identidad y la obra de Jesucristo. Proclama la realidad de la encarnación y la expiación; demuestra el poder del evangelio de Jesucristo que salva, libra y transforma; promueve la adoración a Jesucristo como Señor y Dios; y les guía a los creyentes al futuro, preparándoles para el advenimiento de Jesús por Su iglesia.

Los capítulos 14 al 16 de Juan describen la obra del Espíritu Santo de hoy en día en la iglesia, la cual, aunque abarca más que los nueve dones de I Corintios 9:12, ciertamente incluye estos dones. Entonces, podemos concluir que *el último propósito de los dones espirituales es el de exaltar al Señor Jesucristo*.

Este propósito provee la base para una prueba importante de manifestaciones espirituales: "Por tanto, os hago

El Propósito de los Dones Espirituales

saber que nadie que hable por el Espíritu de Dios llama anatema a Jesús; y nadie puede llamar a Jesús Señor, sino por el Espíritu Santo" (I Corintios 12:3).

EL PROPÓSITO INMEDIATO

Inmediatamente antes de enumerar los nueve dones espirituales, I Corintios 12 dice que se manifiestan a individuos para el beneficio de la iglesia entera: "Pero a cada uno le es dada la manifestación del Espíritu para provecho" (versículo 7).

Inmediatamente después de enumerar los nueve dones espirituales, I Corintios 12 procede a describir a la iglesia como el cuerpo de Cristo. El cuerpo tiene muchos miembros, y cada miembro tiene una función diferente, pero todos son diseñados para obrar juntos para el beneficio del cuerpo entero. "Porque así como el cuerpo es uno, y tiene muchos miembros, pero todos los miembros del cuerpo, siendo muchos, son un solo cuerpo, así también Cristo . . . Ni el ojo puede decir a la mano: No te necesito, ni tampoco la cabeza a los pies: No tengo necesidad de vosotros. Antes bien los miembros del cuerpo que parecen más débiles, son los más necesarios; . . . Porque los que en nosotros son más decorosos, no tienen necesidad; pero Dios ordenó el cuerpo, dando más abundante honor al que le faltaba, para que no haya desavenencia en el cuerpo, sino que los miembros todos se preocupen los unos por los otros" (I Corintios 12:12, 21-22, 24-25).

De esta explicación, esta claro que Dios no concede los dones espirituales primordialmente para beneficiar a los individuos, sino para beneficiar al cuerpo entero.

LOS DONES ESPIRITUALES

Aunque los dones sí bendicen a los individuos, el enfoque es en lo que aquellos individuos pueden entonces contribuir a la iglesia. Además, la intención de Dios no es que los dones deban obrar por sí solos, sino que deban operar juntos para lograr el objetivo deseado.

Al hablar sobre el uso propio de los dones vocales, Pablo explicó, "Pero el que profetiza habla a los hombres para edificación, exhortación y consolación" (I Corintios 14:3). Aunque este versículo se refiere específicamente al don de la profecía, hay un principio más amplio: El ejercicio de los dones espirituales debe ser gobernado por una consideración de cómo benefician a otros.

Este principio se extiende a una consideración de los inconversos tal como a los creyentes. La iglesia está en el proceso de alcanzar a los pecadores y de transformarles en creyentes. Entonces, al ejercer los dones espirituales, debemos considerar el impacto sobre los creyentes potenciales. Por ejemplo, las lenguas sirven como una señal valiosa para el inconverso, mientras la profecía ayuda a convencer y compungir a alguien que llega como inconverso pero entonces comienza a creer a causa de una demostración milagrosa que haya observado. (Véase I Corintios 14:22-25.) Debemos recordar que una parte de la obra del Espíritu Santo es la de convencer ". . . al mundo de pecado, de justicia y de juicio" (Juan 16:8).

Los dones espirituales dan testimonio y confirman la predicación del evangelio: "Y ellos, saliendo, predicaron en todas partes, ayudándoles el Señor y confirmando la palabra con las señales que la seguían. Amén" (Marcos 16:20). "¿Cómo escaparemos nosotros, si descuidamos una salvación tan grande? La cual, habiendo sido anun-

El Propósito de los Dones Espirituales

ciada primeramente por el Señor, nos fue confirmada por los que oyeron" (Hebreos 2:3). En el libro de los Hechos los dones sobrenaturales atraían mucha gente nueva al Señor. (Véase, por ejemplo, Hechos 3:11; 4:4, 33; 5:1-16.)

Entonces, al fomentar el propósito último de glorificar a Jesús como el Señor, *el propósito inmediato de los dones sobrenaturales es el de edificar a la iglesia.* Al edificar a la iglesia, ellos glorifican a Cristo, porque la iglesia es el cuerpo de Cristo en la tierra. Este proceso de edificación se realiza *por recibir nuevos creyentes y por fortalecer los antiguos creyentes.*

PARA LO QUE NO SON LOS DONES

De esta discusión y un estudio desde todo el Nuevo Testamento podemos obtener varias conclusiones para lo que no son los dones sobrenaturales.

Los dones sobrenaturales no reemplazan la Palabra escrita de Dios. Ellos no suplantan la autoridad de la Biblia; no pueden alterar su mensaje. La Biblia es nuestra autoridad para instrucción en cuanto a la salvación y la vida cristiana. Es necesaria y suficiente para aquel propósito. ". . . las Sagradas Escrituras, las cuales te pueden hacer sabio para la salvación por la fe que es en Cristo Jesús. Toda la Escritura es inspirada por Dios, y útil para enseñar, para redargüir, para corregir, para instruir en justicia, a fin de que el hombre de Dios sea perfecto, enteramente preparado para toda buena obra" (II Timoteo 3:15-17).

La Biblia es la Palabra eterna de Dios; Él la inspiró

para todo el mundo en todo lugar. Dios no va a decir algo a un individuo que se opone a la Palabra escrita que Él ha inspirado para todos. Él dio la Biblia para instrucción doctrinal, y Él no va a desbaratar Su propio plan o propósito por conceder dones que socavarían la autoridad de la Biblia.

Entonces está claro que el propósito de los dones espirituales no es el de enseñar doctrina. Su función no es de revelar el plan de la salvación ni los principios de la vida cristiana, aunque pueden proveer una fuerte confirmación de lo que la Biblia enseña.

Consecuentemente, debemos tener cuidado cuando alguien trata de usar los dones espirituales como una autoridad para doctrina o para instrucción en cuanto a como una persona debería vivir. Según Juan 16:13, el Espíritu que ha sido manifestado, es decir el Espíritu dentro de los creyentes, no les concede una autoridad independiente, sino ilumina lo que Dios ya ha revelado y lo que Jesús enseñaba cuando estaba en la tierra.

Por ejemplo, I Corintios 14:29 dice, "Asimismo, los profetas hablen dos o tres, y los demás juzguen." Los oyentes deben evaluar el aparente ejercicio de un don espiritual, lo que significa que deben tener una norma objetiva por la cual lo hacen. Esta norma autoritativa es el evangelio que predicaban los apóstoles. "Mas si aun nosotros, o un ángel del cielo, os anunciare otro evangelio diferente del que os hemos anunciado, sea anatema." (Gálatas 1:8). Este evangelio nos ha sido comunicado por la Palabra escrita.

Para ilustrar esto, los mormones dicen que un ángel llamado Moroni se le apareció a José Smith y le reveló el

El Propósito de los Dones Espirituales

libro de Mormón, pero según el libro de Gálatas, aun si un ángel se le hubiera aparecido a Smith, él no tenía la autoridad de proclamar ninguna otra doctrina de lo que se encuentra en la Biblia. Ningún otro libro puede reclamar una autoridad igual ni similar a la autoridad de la Biblia (para más discusión véase *La Palabra Infalible de Dios* por David K. Bernard.)

Los mormones también dicen que el Padre y el Hijo se le aparecieron a José Smith en una visión como dos personas separadas y visibles de Dios. Sin embargo, en las Escrituras, cuando el Apóstol Felipe pidió ver al Padre, Jesús le respondió que la única manera de ver al Padre es por ver a Jesús (Juan 14:9-11), porque Jesús es la manifestación visible en carne del Padre (Colosenses 1:15, 19; 2:9; I Timoteo 3:16). Ningún milagro, visión, ni ninguna otra experiencia sobrenatural puede cambiar la verdad de la Escritura.

Los dones sobrenaturales no reemplazan el liderazgo espiritual en la iglesia. Específicamente, no suplantan la autoridad del pastor. Como dijimos en el capítulo 1, Dios ha dado a la iglesia el ministerio quintuple con el propósito de equipar a los santos, y Él ha dado a pastores para guiar, apacentar, y sobrever al rebaño. Dios no socavaría a los líderes que Él ha nombrado por inspirar a alguien más a desafiar su autoridad.

Dios no es el autor de confusión; Él es el autor de la paz (I Corintios 14:33). Si alguien anuncia, "Así dice el Señor, reprendo al pastor," entonces la persona que habla está fuera de orden, porque Dios no contradice Sus propios principios de autoridad. El no dará dones espirituales para causar confusión, división ni rebelión.

LOS DONES ESPIRITUALES

Si un pastor necesita corrección, Dios le puede hablar directamente. Dios puede usar también a un individuo con una actitud correcta y motivos correctos para hablar con él en privado sobre asuntos pertinentes. Se puede referir los problemas serios a los líderes espirituales quienes tienen la autoridad de tratar con la situación bíblicamente en forma de ayudar tanto al pastor como a la iglesia.

Los dones sobrenaturales no reemplazan la dirección diaria de Dios que recibimos por medio de la oración y la sumisión de nuestro corazón, mente y voluntad. Cada cristiano debe aprender a caminar por la fe, a crecer en sabiduría y en conocimiento espiritual, y a desarrollar una comprensión de la voluntad de Dios. (Véase Colosenses 1:9-11; 4:12.) Las experiencias sobrenaturales no proveen un atajo a la madurez espiritual. Aparte de la oración, la Palabra de Dios, y el consejo espiritual, no debemos esperar que los dones sobrenaturales sean el medio primordial de determinar la voluntad de Dios para nuestras vidas ni las vidas de otros.

Los dones sobrenaturales pueden ayudar a abrir nuestras mentes y nuestros corazones a la voluntad de Dios, y pueden ayudar a confirmar la voluntad de Dios. Entonces, por medio de un don del Espíritu, al liderzago de la iglesia en Antioquía Dios reveló el llamamiento misionero de Bernabé y Pablo: "Ministrando éstos al Señor, y ayunando, dijo el Espíritu Santo: Apartadme a Bernabé y a Saulo para la obra a que los he llamado." (Hechos 13:2). Evidentemente Dios ya había llamado a estos dos varones para Su obra. Esa Palabra inspirada les confirmó la voluntad de Dios y se la reveló a la iglesia para que la iglesia los enviase con oración y apoyo financiero.

El Propósito de los Dones Espirituales

Por medio de oración fiel, estudio bíblico, asistencia a la iglesia, el liderazgo y consejo piadoso, y una consideración práctica de los factores relevantes a nuestras decisiones, debemos hallar la voluntad de Dios para nuestras vidas. Los dones espirituales pueden formar una parte de este proceso, pero ellos no suplantan este proceso. Entonces no debemos prestar atención a alguien que proclama, "Así dice el Señor, tu debes casarte con fulana o fulano de tal," o aun peor, "Tu debes divorciarte de tu compañero y casarte con fulano de tal." Ambas declaraciones reflejan un mal entendido fundamental de cómo obra Dios, y la segunda, especialmente, contradice la Escritura. Cuando Dios guía a Su pueblo, Él respeta sus personalidades y voluntades humanas; no les coacciona o manipula. Además, Él contesta sus oraciones, como el pueblo sinceramente le busque, y les guía de varias maneras para que puedan comprender Su voluntad y tener paz y seguridad acerca de ella. Aunque a veces Dios nos habla por medio de sucesos milagrosos y palabras inspiradas de otros, si tenemos una relación con Él, aprendemos que esos varios medios obran juntos y se apoyan uno al otro, confirmando lo que Dios habla directamente a los corazones.

En Resumen

Dios concede los dones sobrenaturales del Espíritu *para glorificar a Jesucristo, para atraer a los inconversos a Él, y para reforzar y animar a los creyentes.* Ellos edifican al cuerpo de Cristo, Su iglesia. Dios no los da a individuos como medio de enseñar doctrina, o de suplantar al ministerio quintuple o de dictar Su voluntad

LOS DONES ESPIRITUALES

para las vidas de otros.

Los que tratan de ejercer un don espiritual fuera de estos propósitos bíblicos están en error. También así son los que dicen tener autoridad especial debido a un don espiritual. El don puede ser genuino pero se mal entiende o se mal usa. O la manifestación puede ser falsa, es decir de la carne o del diablo. Puede ser que algunos de los que tratan de ejercer los dones espirituales en una manera inapropiada simplemente no entienden, mientras otros son carnales o aun influenciados por el diablo. Algunos pueden manipular los dones con motivos egoístas; algunos pueden ser engañosos o maliciosos.

En tales casos, no es obligatorio ofrecer una explicación completa de las causas y motivos básicos de una cierta manifestación. Podemos simplemente reconocer que no está de acuerdo con la Palabra de Dios y rehusar seguirlo. Podemos evitar el peligro de las manifestaciones falsas y los usos impropios por enfatizar el verdadero propósito de los dones espirituales. Estamos seguros cuando nos damos cuenta que Dios no los da como una nueva fuente de autoridad en nuestras vidas, sino para nuestra edificación, exhortación, y consuelo.

CAPÍTULO CUATRO

EL EJERCICIO DE LOS DONES ESPIRITUALES

Como se habló en el capítulo 13, es importante ejercer los dones del Espíritu de acuerdo con el propósito de Dios en concederlos. Se debe tomar en cuenta un número de otros asuntos que también son importantes al considerar su uso.

LA DISPONIBILIDAD DE LOS DONES ESPIRITUALES

"A la iglesia de Dios que está en Corinto, a los santificados en Cristo Jesús, llamados a ser santos con todos los que en cualquier lugar invocan el nombre de nuestro Señor Jesucristo, Señor de ellos y nuestro: . . . porque en todas las cosas fuisteis enriquecidos en él, en toda palabra y en toda ciencia; así como el testimonio acerca de Cristo ha sido confirmado en vosotros, de tal manera que nada os falta en ningún don, esperando la manifestación de nuestro Señor Jesucristo" (I Corintios

LOS DONES ESPIRITUALES

1:2, 5-7).
En primer lugar, debemos comprender la disponibilidad de los dones espirituales. En términos sencillos, Dios los ha dado a la iglesia. La intención de Dios es que cada cuerpo local de creyentes los ejerza hasta la venida del Señor Jesucristo por Su novia.

Según I Corintios 1:2, Pablo escribió esta epístola no solo a la iglesia de Jesucristo en Corinto sino también "a la iglesia de Dios que está en Corinto, a los santificados en Cristo Jesús, llamados a ser santos con todos los que en cualquier lugar invocan el nombre de nuestro Señor Jesucristo, Señor de ellos y nuestro." Estas palabras describen cada cuerpo local de creyentes sin considerar los límites de espacio o de tiempo. Además, el versículo siete afirma que los lectores deben poseer todos los dones espirituales hasta la segunda venida del Señor Jesús. Claramente la discusión de los dones espirituales en I Corintios 12 al 14 se aplica a todas las congregaciones cristianas desde los tiempos de los apóstoles hasta el fin de la presente época.

Algunas personas, como los protestantes tradicionales, creen que los dones sobrenaturales se acabaron en el tiempo de los apóstoles o un corto tiempo después. Los reformistas Martín Lutero y Juan Calvino mantenían este punto de vista. Otros, como los católicos Romanos, creen que siempre suceden los milagros pero generalmente no los esperan en el ambiente de una iglesia local.

Aun los carismáticos típicamente no esperan que la iglesia entera experimente estos dones. Por ejemplo, en una conferencia internacional de los carismáticos que se llevó a cabo en el año 1991 en Brighton, Inglaterra, un

El Ejercicio de los Dones Espirituales

sacerdote de la Iglesia Católica Romana argumentaba que la iglesia Católica Romana en su totalidad es carismática (caracterizada por los dones espirituales), aunque la gran mayoría de iglesias locales y sus miembros nunca experimentan los dones espirituales. Él razonaba de la siguiente manera: Algunas personas en la iglesia hablan en lenguas y ejercen otros dones sobrenaturales; la iglesia está unida como un solo cuerpo; entonces la iglesia es carismática. Él consideraba que esta situación era satisfactoria y ejemplar.

En contraste a estos puntos de vista, I Corintios presenta cada cuerpo local de creyentes como lleno del Espíritu y experimentando los dones sobrenaturales. El propósito bíblico y la necesidad para los dones espirituales no se acabaron con la época apostólica, y no podemos restringir el propósito y la necesidad de ellos a ciertos lugares. Aunque la iglesia es universal, cada extensión local de la iglesia debería buscar y esperar la operación de los dones sobrenaturales mientras tanto que la iglesia esté en este mundo.

Cuando el Señor vuelva por Su iglesia, ya no habrá más propósito para los dones del Espíritu. No tendremos necesidad de milagros y sanidad porque en la resurrección recibiremos cuerpos glorificados e inmortales. No tendremos necesidad de la palabra de sabiduría ni de la palabra de ciencia porque en la eternidad poseeremos la plenitud de la sabiduría divina y del conocimiento divino. Sin embargo, por ahora necesitamos los dones del Espíritu.

Cada persona que es llena con el Espíritu puede operar potencialmente cualquiera de los dones, porque vienen del Espíritu. No todo individuo operará cada don porque el Espíritu reparte "a cada uno en particular como él quiere" (I Corintios 12:11), pero cada congregación debe actualizar la potencialidad para los dones. Por ejemplo, no todos profetizarán ni hablarán en lenguas a la congregación entera, pero cada persona llena del Espíritu tiene la potencialidad de hacerlo. (Véase I Corintios 14:31.) Cada individuo debe estar dispuesto a usar cualquier manifestación que Dios escoja.

DESEANDO LOS DONES ESPIRITUALES

"Procurad, pues, los dones mejores. . . . y procurad los dones espirituales, pero sobre todo que profeticéis" (I Corintios 12:31; 14:1).

Debemos desear y buscar activamente todos los dones del Espíritu. Aunque I Corintios 12:31 habla de "los dones mejores," no identifica cuáles dones son los mejores. Alguien puede suponer que solo unos cuantos de los nueve dones son superiores y entonces desearlos, pero ¿nos presentaría Dios una lista de nueve dones y entonces nos ordenaría a buscar solamente unos cuantos de ellos? ¿Concedería el Espíritu algunos dones que no son deseables? En la única indicación que un don específico es mejor que el otro, I Corintios 14 describe la profecía como superior a las lenguas en las reuniones públicas. Subraya también el valor de las lenguas en la devoción privada y dice que las lenguas son iguales a la profecía en las reuniones públicas cuando hay una interpretación.

Desde este punto, parece que el "mejor" don puede variar dependiendo de las circunstancias. El mejor don

El Ejercicio de los Dones Espirituales

es el don más apropiado y más necesitado en su debido momento. Entonces desear los mejores dones es buscar los dones que son más importantes para nuestra iglesia en un momento específico y orar para que el Señor nos conceda aquellos dones de acuerdo con Su ciencia perfecta de nuestra situación.

Los cristianos deben ser sensibles a la dirección del Espíritu de Dios para que estén dispuestos para cualquier manifestación que Dios elija. No deben limitar su modo de pensar a lo que hayan experimentado u observado en el pasado, sino cada creyente debe estar dispuesto a la operación de "los mejores dones" para tal ocasión.

Como ejemplo, si la adoración en el culto general experimenta una pausa santa, en la cual el Espíritu desea comunicar con la congregación en una manera especial, cada miembro debe rendirse a Dios, dándose cuenta que, aunque Dios no usará a todos a la vez, El quiere usar a alguien. Si una persona habla a la iglesia en lenguas, todos deben orar para la interpretación, anticipando que quizás Dios le usará.

En el proceso del consejo, puede ser que un pastor llegue a un estancamiento donde parece que no pueda haber ninguna solución. El debe orar y tener fe para una palabra de sabiduría o una palabra de ciencia. Talvez se levante un problema serio o alguna confusión en la congregación, pero se desconoce la causa. El pastor debe pedir a Dios para el discernimiento de espíritus.

A como se presenten las necesidades y a como Dios nos impresione, podemos creer y orar por unos dones específicos. A como nos rindamos al Espíritu, Dios obrará por medio de nosotros como El vea necesario. Si

LOS DONES ESPIRITUALES

Él decide no actuar en una forma milagrosa en un cierto momento, debemos seguir andando por la fe, dándonos cuenta que Dios conoce cosas que nosotros no conocemos y que Él hace planes más allá de nuestra comprensión. Dado Su conocimiento perfecto de la situación, tal vez Él elija no actuar como esperamos, debido a actitudes o circunstancias que no podemos ver. Puede ser que use a alguien más, o puede ser que obre en una manera totalmente diferente. En algunos casos una falta de fe o falta de rendimiento de nuestra parte puede impedir Su obra, y debemos aprender a ser más sensibles en el futuro.

LOS DONES NO SON UNA SE—AL DE MADUREZ ESPIRITUAL

"Viendo esto Pedro, respondió al pueblo: Varones israelitas, ¿por qué os maravilláis de esto? ¿o por qué ponéis los ojos en nosotros, como si por nuestro poder o piedad hubiésemos hecho andar a éste?" (Hechos 3:12).

Aunque deseamos los dones espirituales y debemos aprender a abrir nuestras vidas a ellos, debemos darnos cuenta que en sí mismo, el ejercicio de los dones espirituales no es necesariamente una señal de madurez espiritual. Este concepto sorprende a muchas personas porque ellos presumen equivocadamente que si Dios usa a una persona en una manera milagrosa entonces aquella persona debe ser extraordinariamente espiritual.

Sin embargo, los dones espirituales son verdaderamente dones: Ellos vienen libremente por la gracia de

El Ejercicio de los Dones Espirituales

Dios. Como hemos visto, la palabra griega para "don" en I Corintios 12 es *carisma*, la cual está relacionada íntimamente a la palabra *charis*, la palabra que significa "gracia." Por definición, un don no es algo que una persona ha comprado o ganado.

Así es con los dones espirituales. Una demostración impresionante de los dones espirituales debe recordarnos de cuán poderoso y lleno de gracia es nuestro Dios. No debemos enfocar nuestra atención en el individuo que recibe el don, concluyendo que es un gran profeta o la persona más espiritual en la iglesia. Por supuesto, es evidente de que tiene fe para el don y que ha aprendido a rendirse al Espíritu de Dios. Podemos apreciar su sensibilidad en esta área, pero puede ser que no tenga el mismo grado de fe y rendición en otras áreas de su vida.

De acuerdo con el Señor Jesús, algunas personas tendrán la fe para profetizar, echar fuera demonios, y hacer obras maravillosas en Su nombre, sin embargo, debido a su desobediencia a la voluntad de Dios no entrarán en el reino de Dios. (Véase Mateo 7:21-27.) Entonces, es posible que alguien en la iglesia pueda recibir y ejercer un don espiritual mientras que a la vez esté creyendo una doctrina falsa o participando en una práctica pecaminosa.

En Hechos el capítulo 3, multitudes de gente se congregaban alrededor de Pedro y de Juan como resultado de la sanidad de un hombre minusválido. Pedro les dijo que no deberían pensar que este milagro ocurrió debido a su propio poder o santidad. Él dijo que Jesús había hecho el milagro. En otras palabras, el milagro no indicaba que Pedro y Juan fuesen más espirituales que alguien más. Ellos oraron en el nombre de Jesús, ejerciendo fe en Él, y Él hizo la obra.

Con respecto a las expresiones de adoración, se rige el mismo principio. Si alguien danza en el Espíritu o se cae postrado en el piso bajo el poder de Dios, no aprendemos nada acerca de su condición espiritual. A menudo las personas más espirituales adoran con más libertad. Al contrario, a veces las personas más carnales adoran libremente también, gozándose de la experiencia emocional, la atención prestada por otros o ambas cosas. A veces personas que son notoriamente inconstantes reciben bendiciones dramáticas en su adoración; quizás Dios les bendice tan grandemente porque esto es lo que ellos necesitan para permanecer en la iglesia o porque se requiere medidas extraordinarias para hacerlos acercarse a Dios. En tales casos, nosotros simplemente reconocemos la grandeza de la misericordia y gracia de Dios.

En pocas palabras, cuando vemos una notable manifestación espiritual reconocemos que el individuo se ha rendido a Dios en ese punto. Aquella persona ha aprendido a ser sensible al Espíritu, a rendirse a Su voluntad, a deshacerse de sus inhibiciones, a aceptar la Palabra de Dios, y tener fe en que Dios le va a bendecir. Estas cualidades son admirables, y cuando se aplican a todas las áreas de la vida, resultan en madurez espiritual.

Sin embargo, no podemos llegar a ninguna conclusión acerca de la vida o la doctrina del individuo. Puede ser que él sea o maduro o inmaduro espiritualmente. Un don espiritual o una manifestación espiritual no es una señal de madurez espiritual, ni es un sello de aprobación de la vida total de aquella persona. El don simplemente revela cuán grande es Dios.

El Ejercicio de los Dones Espirituales

Una comprensión de este principio nos guiará a un ejercicio más grande de los dones espirituales. Cuando la gente deja de enfocar en su falta de capacidad y de cualidades, y comienzan a enfocar en la gracia y el poder de Dios, se hace más fácil que ellos puedan tener fe para los dones espirituales. Además, quizás Dios limita o retiene algunos dones en ciertas situaciones a causa de gente que esta dispuesta a malentenderlos o exagerar su significado. Puesto que el Espíritu siempre exalta a Jesús, habrá más libertad y más manifestaciones del Espíritu cuando la gente no permita que los dones espirituales resulten en el orgullo, o en una aprobación de una doctrina falsa o una exaltación personal o un falso estilo de vida.

RENDIDOS AL ESPÌRITU

"Y por la fe en su nombre, a éste, que vosotros veis y conocéis, le ha confirmado su nombre; y la fe que es por él ha dado a éste esta completa sanidad en presencia de todos vosotros" (Hechos 3:16).
"No apaguéis al Espíritu" (I Tesalonicenses 5:19).

Según la explicación de Pedro acerca de la sanidad del hombre minusválido, la clave para el ejercicio de los dones espirituales es *fe en Jesucristo*. En su sentido más amplio, la fe significa confianza en el Señor y dependencia en Él. En vez de depender en nuestras capacidades, debemos depender de las capacidades de Dios. En vez de gloriarnos de nuestras cualidades o logros, debemos gloriarnos en la muerte, sepultura y resurrección de nuestro Señor Jesucristo. En vez de desarrollar estrategias inge-

LOS DONES ESPIRITUALES

niosas y complejas para logros espirituales, debemos apropiar la victoria que Jesús ya ganó para nosotros. En vez de confiar en nuestro propio trasfondo, conocimiento o experiencia, debemos confiar en la obra del Espíritu Santo, el Espíritu del Señor resucitado. En vez de apagar al Espíritu, debemos rendirnos al Espíritu.

Para confiar en el Espíritu Santo se requiere *humildad, quebrantamiento, y rendición completa*. La humildad es vital en el ejercicio de todos los dones y habilidades espirituales. (Véase Romanos 12:3-6.) "Igualmente, jóvenes, estad sujetos a los ancianos; y todos, sumisos unos a otros, revestíos de humildad; porque: Dios resiste a los soberbios, Y da gracia a los humildes. Humillaos, pues, bajo la poderosa mano de Dios, para que él os exalte cuando fuere tiempo" (I Pedro 5:5-6). "Cercano está Jehová a los quebrantados de corazón; Y salva a los contritos de espíritu" (Salmo 34:18). "Así que, hermanos, os ruego por las misericordias de Dios, que presentéis vuestros cuerpos en sacrificio vivo, santo, agradable a Dios, que es vuestro culto racional" (Romanos 12:1).

La humildad, el quebrantamiento, y la rendición total son importantes en todos los aspectos de la vida cristiana, pero estos atributos son particularmente vitales en permitir que el Espíritu de Dios obre por medio de nosotros. No debemos de ser orgullosos pero a la vez no debemos rechazarnos a nosotros mismos totalmente, sino debemos simplemente ser inconscientes del ego. Necesitamos un hambre por las cosas de Dios y un amor sincero por el reino de Dios. Debemos arrepentirnos del pecado y buscar la santidad, pidiendo que el Señor nos revele y que quite las impurezas secretas de nuestras vidas.

El Ejercicio de los Dones Espirituales

Periódicamente debemos evaluar y purgar nuestros motivos. Debemos desarrollar un hábito de orar y una actitud continúa de oración. La autodisciplina y la negación de sí mismo deben ser principios que nos guíen en nuestras vidas y el ayuno es una práctica muy importante en este sentido.

No podemos ganar favores de Dios por medio de esfuerzos espirituales, pero estas actitudes y disciplinas ayudarán a minimizar las influencias mundanas y maximizar las influencias piadosas. A como desechemos los deseos egoístas y las concupiscencias carnales, llegaremos a ser más sensibles y más abiertos a las cosas de Dios.

El aprender a caminar por fe y a rendirse al Espíritu, es un proceso. Crecemos en la gracia y el conocimiento (II Pedro 3:18). No es difícil permitir que Dios obre en nosotros, pero sí se requiere ajustes mentales, emocionales y espirituales. Tenemos que desechar el temor y la duda y dejar que el Espíritu fluya a través de nosotros.

Los mismos principios obran tal como cuando recibimos en el principio el Espíritu Santo y hablamos en lenguas. El don del Espíritu Santo viene por gracia por medio de la fe, y después que la gente lo recibe ellos siempre reconocen cuán sencillo es recibirlo. Sin embargo, algunos oran muchas veces y por muchas horas antes de ser bautizados con el Espíritu Santo—no porque la experiencia en sí misma sea difícil de recibir sino porque ellos tienen que arrepentirse completamente; aprender a desechar su culpabilidad, su temor, y su duda; aceptar el don por medio de una fe activa y presente; y rendir sus mentes y cuerpos al dominio de Dios.

LOS DONES ESPIRITUALES

Cuando Dios primeramente empieza a usar a la gente en una cierta manera, muchas veces están nerviosos, recelosos, o temerosos—temerosos de lo desconocido, temerosos de ser rechazados, temerosos de estar fuera del orden. Cuando ellos vencen estos sentimientos y actúan por la fe, entonces el Espíritu fluye libremente por medio de ellos. Muchas veces ellos necesitan tan solo una pequeña confirmación o un poco de ánimo para rendirse completamente.

En los primeros años de mi matrimonio y mi ministerio, estuve dirigiendo un culto cuando alguien en la congregación habló en lenguas. Sentí que Dios daría la interpretación a mi esposa, entonces me acerqué a ella y puse mi mano sobre ella. Inmediatamente ella comenzó a dar la interpretación. Ella había sentido que Dios estuvo moviéndose sobre ella pero esta experiencia era nueva para ella, y ella estaba recelosa a responder. Mi acción le dio la confirmación que necesitaba.

En otro culto, observé un incidente similar. Mientras Dios se movió en una manera especial, el director del culto se acercó a un ministro joven, dándose cuenta de que Dios quería hablarle a él, y puso sus manos en el hombro del joven ministro. Inmediatamente el joven comenzó a profetizar.

Cuando mi esposa y yo fundamos una iglesia en Austin, Texas, empezamos con cultos en nuestro hogar. Pronto comenzamos a compartir un edificio con otra congregación por dos cultos a la semana, pero seguíamos conduciendo reuniones de oración en nuestro hogar. Mientras que la congregación siempre era pequeña, comencé a enseñar acerca de los dones del Espíritu y a

El Ejercicio de los Dones Espirituales

decirle a la gente que Dios quería que esos dones operaran en nuestro grupo. En una reunión de oración, mientras el Señor se movió fuertemente me di cuenta que Dios quería hablar por medio de la abuela de mi esposa. Aunque ella tenía más de setenta años y había sido criada en el movimiento Pentecostal, nunca antes había sido usada en esta manera, y estaba recelosa a rendirse.

Después del culto le dije, "Abuelita, tu siempre has asistido a iglesias donde habían muchas personas que sabían como responder a Dios, pero ahora eres parte de una iglesia joven en la cual la mayoría de la gente no ha tenido mucha experiencia. Tenemos necesidad de gente como tu que saben cómo responder a Dios. Entonces, la próxima vez que tu sientas lo que sentiste esta noche, sigue no más, y deja que Dios hable por medio de ti." Un poco después, en otra reunión de oración, ella sí se rindió, hablando en lenguas al grupo, y siguió una interpretación.

Es posible que una persona opere un cierto don una sola vez, pero típicamente la gente operará el mismo don repetidas veces. Una vez que venzan su recelo inicial, y que operen por la fe, y se rindan a Dios, será mucho más fácil que Dios les use otra vez en la misma manera. Sin embargo, no debemos permitirnos caer en una zanja ni como individuos o como iglesias. Si alguna vez hemos sido usados en una cierta manera, no debemos presumir automáticamente que la próxima vez Dios nos usará a nosotros en vez de alguien más. También, si Dios frecuentemente ha usado a otro miembro de la iglesia en una cierta manera, no debemos presumir que esa persona sea la única que Dios quiere usar en aquella manera. Al contrario, cada vez que

LOS DONES ESPIRITUALES

Dios se mueve y cada vez que se presenta una necesidad, todos nosotros debemos buscar a Dios y ser sensibles a Su voluntad y a Su obra en aquel momento.

OPERANDO LOS DONES EN AMOR

"Si yo hablase lenguas humanas y angélicas, y no tengo amor, vengo a ser como metal que resuena, o címbalo que retiñe. Y si tuviese profecía, y entendiese todos los misterios y toda ciencia, y si tuviese toda la fe, de tal manera que trasladase los montes, y no tengo amor, nada soy . . . Seguid el amor; y procurad los dones espirituales, pero sobre todo que profeticéis" (I Corintios 13:1-2; I Corintios 14:1).

La cosa más importante que podemos decir acerca de los dones espirituales es que debemos operarlos en amor. En medio de la discusión acerca de los dones espirituales en I Corintios 12 al 14, un capítulo entero—I Corintios 13—se dedica al tema del amor. Es uno de los pasajes más hermosos de las Escrituras, y muchas veces con razón es citado por sus enseñanzas acerca del amor en general. Sin embargo, no debemos olvidar que su aplicación más inmediata se encuentra en el contexto de los dones espirituales.

Este capítulo declara enfáticamente que los dones no tienen valor si no se operan en amor. No es la voluntad de Dios que alguien intente usar un don espiritual en una manera que sea tosca, destructiva, condenativa, manipulativa, intimidante, o perturbadora.

Tales manifestaciones o son completamente falsas o, por lo menos, se abusan de lo que Dios desea lograr. La

El Ejercicio de los Dones Espirituales

única manera correcta de ejercer los dones espirituales es con un corazón lleno de amor por Dios y el uno por el otro. (Véase el capítulo seis para más discusión acerca del amor.) Aquí presentamos unos ejemplos que violan el principio de amor. En una iglesia que estaba en medio de un conflicto, una persona dio un mensaje público alegando que un cierto individuo descontento trataría de matar a miembros de la familia del pastor. En otro caso, un pastor aprendió que una familia en su iglesia estaba contemplando una acción la cual el desaprobó. Les dijo que Dios le había hablado acerca del asunto y dejó de entender que si ellos actuaban contrario al deseo del pastor entonces la muerte quizás visitaría la familia. En una tercera situación, un miembro de una iglesia comenzó a dar profecías privadas de juicio a otros en la iglesia, diciendo a una persona enferma que ese individuo pronto moriría pero no ofreció ninguna razón constructiva del porque Dios le reveló tal información.

En cada caso, hubo un uso alegado de un don espiritual, pero no con el propósito de la edificación, exhortación, o consuelo y no como una expresión de amor por los demás. Aun si algunas de las declaraciones contenían un elemento de la verdad, no se hicieron en una manera redentora o constructiva con respeto y amor por los involucrados. Al contrario, esas acciones solo dañaron a individuos o a congregaciones.

LOS DONES ESTAN SUJETOS AL CONTROL DEL RECEPTOR

"Y los espíritus de los profetas están sujetos a los profetas; pues Dios no es Dios de confusión, sino de

LOS DONES ESPIRITUALES

paz. Como en todas las iglesias de los santos, . . . pero hágase todo decentemente y con orden" (I Corintios 14:32-33; I Corintios 14:40).

Los dones del Espíritu están sujetos al control del usuario. Cuando Dios da dones, Él no pisotea la voluntad humana. Retendremos el derecho de elegir el uso de los dones de Dios impropiamente, y Él espera que los usemos apropiadamente. Esta verdad es para todas las bendiciones de Dios, incluyendo la vida misma, la salud, las posesiones materiales, las finanzas, los talentos, las habilidades, los ministerios, las posiciones de liderzago, y los dones sobrenaturales.

Algunas personas suponen que por el hecho de que los dones del Espíritu son sobrenaturales los receptores tienen poco o nada de control sobre ellos. Ellos piensan que Dios ejerce tanto control sobre los receptores que ellos actúan casi inconscientemente, en un estado de transe o de robots. Pero Dios siempre respeta la personalidad y la voluntad humana, porque Él nos creó a Su imagen como seres morales, inteligentes y racionales, con el poder de elegir. En todas las manifestaciones, los receptores deben rendirse a Dios, pero Dios siempre les permitirá retener un cierto grado de control. Como consecuencia inevitable de esta libertad de escoger, siempre existe la potencialidad para el mal uso o el abuso.

Por ejemplo, en el Antiguo Testamento Dios le dio a Moisés el poder de sacar agua de una peña para Israel. En una ocasión Dios le dijo a Moisés que hablara a la peña. En cambio, Moisés, enojado por la rebelión de Israel, golpeó la peña. Puesto que Moisés desobedeció a

El Ejercicio de los Dones Espirituales

Dios en este asunto, Dios no le permitió entrar a la tierra prometida. (Véase Números 20:7-12.)

Debido a la posibilidad del mal uso, I Corintios 14:32 dice, "Y los espíritus de los profetas están sujetos a los profetas." Los seres humanos no pueden controlar ni dictaminar al Espíritu de Dios, pero el Espíritu obra por medio de los espíritus humanos, y los seres humanos sí ejercen control sobre sus propios espíritus. Dios retiene el control final sobre la concesión de los dones espirituales, pero Él les da a los seres humanos mucha libertad en cuanto a su uso. Aunque no podemos determinar quienes recibirán que dones, y aunque no debemos intentar forzar a que ciertos dones operen cuando, donde y cómo deseemos, tenemos una responsabilidad personal de usar los dones tal como Dios lo ha propuesto—para Su gloria, para la edificación del cuerpo, y con amor para todos los involucrados.

El hablar en lenguas es un buen ejemplo. Hablamos en lenguas como el Espíritu nos dé que hablemos (Hechos 2:4), y no por un aprendizaje humano ni ninguna imitación de sonidos. Cuando alguien primeramente recibe el Espíritu Santo, hablará en lenguas como señal inicial, y en la mayoría de los casos, seguirá hablando en lenguas de vez en vez en su vida privada devocional. A como crezca en el Señor, puede aprender a rendirse a Dios y orar fervientemente para que hable en lenguas más a menudo. Aunque el hablar siempre viene de Dios, el individuo puede crear condiciones conducentes al hablar en lenguas, entonces tiene una responsabilidad de ejercer este don en una manera apropiada.

En mi caso personal, no hablo en lenguas cada vez

LOS DONES ESPIRITUALES

que oro, pero cuando estoy en una profunda oración intercesora, a menudo comienzo a hablar en lenguas sin tenerlo en mente. En casi cualquier lugar y en cualquier momento podría orar fervientemente hasta hablar en lenguas, y podría orar en voz tan alta como quisiera, sin embargo, en circunstancias normales no me sería apropiado arrodillarme en el pasillo de un supermercado, en el centro de una carretera, o en una aula de un colegio público y orar hasta hablar en voz alta en lenguas. En tal caso, el Espíritu y no la carne o el diablo me darían el poder de hablar en lenguas, más el tiempo y el lugar no serían apropiados. En vez de glorificar al Señor, de atraer a los pecadores a Él, y de edificar a los creyentes, tal uso sería un obstáculo, una distracción, y un reproche.

Algunos dicen que Dios detendría cualquier mal uso de un don. Hay quienes citan algunos abusos como evidencia de que todas las llamadas manifestaciones espirituales son falsas, y algunos citan los abusos para urgir que no debamos buscar ninguna manifestación sobrenatural. Pero el antídoto al mal uso y al abuso no es el desuso sino el uso apropiado. Además, tales personas simplemente no comprenden como opera Dios. Él responde a la fe donde quiera que la halle, Él cumple su Palabra a todos los que la invocan, y cuando Él concede un don, Él también concede la autoridad y la responsabilidad de usar aquel don.

Jesús enseñaba, "No deis lo santo a los perros, ni echéis vuestras perlas delante de los cerdos" (Mateo 7:6). En este versículo el Señor enseña que algunos usos de bendiciones santas y de dones espirituales no son provechosos sino son inapropiados, o dañinos. Pablo escribió de la nación de Israel, "Porque irrevocables son los dones y el llamamiento de Dios" (Romanos 11:29). Aunque Israel como nación no cumplió el propósito de Dios, Dios seguía obrando en su medio para dirigirles de nuevo a Su plan.

En esta manera una persona puede tener fe para un milagro genuino de Dios para después usar mal aquel milagro para promocionarse a sí mismo, para aprobar doctrina falsa, buscar fama mundana, o para obtener beneficios materiales. Un ejemplo sería la sanidad de Naamán de la lepra por medio del ministerio de Eliseo. Eliseo rehusó la oferta de pago de parte de Naamán, pero más tarde el criado de Eliseo, Giezi, aceptó dinero y vestimentas de Naamán y entonces incurrió en el juicio divino. (Véase II Reyes 5.)

No debemos culpar a Dios por aquellos abusos y la conclusión resultante. El propósito de Dios en conceder un milagro siempre es bueno. En cada caso Él obra por gracia, responde a la fe, cumple Su Palabra, y suple las necesidades genuinas. Es nuestra responsabilidad usar estos dones de acuerdo a las pautas que Él nos ha dado. También es nuestra responsabilidad juzgar todas las manifestaciones para ver si son de Dios y, aunque sean de Dios, para ver si se usan de una manera apropiada. (Véase I Corintios 14:29, 37; I Juan 4:1.) Los cristianos maduros pueden reconocer un mover genuino de Dios. También pueden reconocer una manifestación genuina sin aceptar una interpretación incorrecta o un mal uso de ello. Por ejemplo, pueden reconocer una sanidad divina pero rechazar un reclamo hecho por la persona quien oró por la sanidad de una autoridad extra-bíblica.

Algunas manifestaciones son carnales, demoníacas, o

falsas. A veces una obra espiritual genuina se usa en una manera no apropiada. Por ejemplo, supongamos que Dios concede una palabra de ciencia a un pastor acerca de un serio pecado en la iglesia que él dirige. El propósito de Dios es el de proteger al pastor y a la iglesia y salvar al pecador. Dependiendo de las circunstancias, el mejor uso de este conocimiento puede ser que el pastor le aconseje en privado al pecador, actuar discretamente para minimizar el daño, avisar confidencialmente a otro individuo que haya sido afectado, o simplemente orar y mantener cuidado hasta un tiempo después. Sin embargo, si el pastor anuncia el pecado secreto a la congregación entera, probablemente usaría mal la palabra de ciencia, porque esta acción probablemente haría daño a todos los involucrados sin lograr el propósito de Dios.

Algunos dicen que cuando sienten el Espíritu deberían actuar sin restricciones, porque cualquier pauta apagaría al Espíritu. En oposición a este punto de vista, bajo inspiración divina, Pablo escribió, "Si alguno se cree profeta, o espiritual, reconozca que lo que os escribo son mandamientos del Señor. Mas el que ignora, ignore" (I Corintios 14:37-38).

Los que son verdaderamente espirituales reconocerán la necesidad para pautas bíblicas, no porque no confíen en el Espíritu, sino porque no confían en la carne. En vez de depender únicamente en sentimientos subjetivos y en impresiones, son guiados principalmente por los principios objetivos y las instrucciones de la Palabra de Dios, dándose cuenta que el Espíritu quien se mueve sobre ellos ya ha establecido pautas universales para gobernar Sus dones. Pensar de otro modo sería una muestra de ignorancia.

Podemos resumir una buena parte de nuestra discusión en lo siguiente: "Pero hágase todo decentemente y con orden" (I Corintios 14:40). En cada ejercicio de un don espiritual debemos apoyar la unidad de la iglesia y al liderazgo espiritual. En cada culto de adoración debemos buscar el beneficio máximo para todos los que estén presentes, creyentes e inconversos, todos iguales.

Supongamos que alguien capta la atención de todos en un culto público por hablar fuertemente en lenguas. Típicamente el pastor o el líder de adoración se detendrá para permitir la operación de lenguas e interpretación. Pero ¿Qué pasa si el líder sigue con el orden del culto? o ¿hace una transición deliberada a otra parte del culto? La congregación debe seguir su dirección. Ellos no estarían apagando al Espíritu; estarían haciendo todo decentemente y en orden.

Hay varias explicaciones posibles de esta situación, pero no importa cuál de ellas sea la correcta, la iglesia siempre debe seguir la dirección del líder espiritual porque Dios le ha dado la responsabilidad de dirigir el culto. En primer lugar, puede ser que el individuo que habló en lenguas simplemente hubiese estado recibiendo una bendición; puede ser que esa obra particular del Espíritu habría sido destinada para la persona que hablaba. Sin embargo, el líder percibió la dirección del Señor para la congregación entera y actuó de acuerdo a ello.

En segundo lugar, puede ser que el individuo fue llevado por un sentimiento incorrecto, un celo excesivo, la carnalidad, o aun una influencia demoníaca. En tal caso, el líder tenía la responsabilidad de proteger a la congregación, y todos en la congregación tenían una responsabilidad de cooperar con el líder.

En tercer lugar, es posible que el líder no captara la dirección del Espíritu. Sin embargo, en tal caso un individuo haría más daño que bien en tratar de forzar el culto en contra de lo que el líder está haciendo. Esto ocasionaría una división y confusión.

Más probable, la persona que ocupa el liderazgo espiritual hará la decisión correcta, pero aunque no la haga, la mejor manera de tratar con la situación es de cooperar y de promover la unidad. Dios fácilmente puede lograr Su propósito en alguna manera o puede moverse sobre el líder más tarde, y un error momentáneo no debe causar ningún daño duradero. Sin embargo, el daño causado por una conducta indecente o fuera de orden, es muchas veces permanente.

En resumen, cada congregación y cada cristiano deben buscar fervientemente los dones del Espíritu. A la vez, todos nosotros debemos aprender a ejercer los dones de acuerdo a los principios bíblicos—con amor, decentemente, y en el orden divino.

Preguntas de Discusión:

El Propósito y Ejercicio de los Dones Espirituales

Capítulos 3-4

1. Describa una ocasión cuando Dios usó a alguien con un don espiritual para ministrarte.

2. ¿Cuál es el propósito primordial de los dones espirituales y como pueden ser aplicados en la iglesia local?

3. ¿Hay una forma correcta para ejercer los dones espirituales? ¿Cómo nos podemos asegurar que lo estamos haciendo?

4. ¿Cuál es el "mejor" don espiritual? ¿Por qué?

5. ¿Quién controla la operación de los dones espirituales? ¿Por qué cree que Dios lo diseñó de esta manera?

6. ¿Qué cualidades podemos cultivar en nosotros mismos para estar posicionados de manera que podamos ser usados por Dios en los dones espirituales?

CAPÍTULO CINCO

I CORINTIOS 12: LOS DONES ESPIRITUALES EN EL CUERPO DE CRISTO

En toda la Escritura, los capítulos 12 al 14 de I Corintios proveen la discusión más extensa de los dones sobrenaturales del Espíritu. I Corintios 12:1-11 introduce e identifica esos dones, mientras I Corintios 12:12-31 describe la función de la iglesia como el cuerpo de Cristo con los miembros individuales ejerciendo una diversidad de dones. Entonces I Corintios 14 provee unas pautas para los dones vocales—la profecía, las lenguas y la interpretación de lenguas. Antes de examinar cada uno de los nueve dones sobrenaturales, incluyendo los dones vocales, será de mucha ayuda analizar la enseñanza de los capítulos 12 y 13, la cual sirve como fundamento para un estudio más extenso.

INTRODUCCIÓN A LOS DONES ESPIRITUALES (I CORINTIOS 12:1-11)

"No quiero, hermanos, que ignoréis acerca de los

LOS DONES ESPIRITUALES

dones espirituales. [2] Sabéis que cuando erais gentiles, se os extraviaba llevándoos, como se os llevaba, a los ídolos mudos" (versículos 1-2).

La iglesia en Corinto emergió de un trasfondo pagano gentil. Antes de venir a Jesucristo, no tenían conocimiento de la obra del Espíritu Santo, y entonces fueron llevados por mal camino en los asuntos espirituales por su adoración idólatra. Como consecuencia, el apóstol Pablo, bajo inspiración divina, sintió la necesidad de enseñarles acerca de los dones espirituales.

Los creyentes corintios ya se habían bautizado en el nombre de Jesucristo y habían sido bautizados con el Espíritu Santo. (Véase I Corintios 1:13; 6:11; 12:13.) Sin embargo, su nueva fe y su renacimiento espiritual no les impartieron automáticamente un conocimiento maduro de asuntos espirituales.

"Por tanto, os hago saber que nadie que hable por el Espíritu de Dios llama anatema a Jesús; y nadie puede llamar a Jesús Señor, sino por el Espíritu Santo" (I Corintios 12:3).

Debido a la falta de un previo conocimiento espiritual y a la falta de experiencia, los corintios eran vulnerables a las manifestaciones falsas. Entonces, una prueba sencilla les ayudaría a distinguir entre lo genuino y lo falso: Si alguien denuncia al Señor Jesucristo, no puede ser de Dios. Si un espíritu no exalta al Señor Jesucristo—no importa cuán milagroso, espectacular, o seductor sea— entonces no es de Dios. Después de todo, el propósito

Los Dones Espirituales en el Cuerpo de Cristo

del Espíritu Santo es el de glorificar a Jesús (Juan 16:14.) Esta prueba es similar a las pruebas registradas en el Antiguo Testamento, con el reconocimiento adicional de que Jesucristo es Dios manifestado en carne, nuestro Señor y Dios. (Véase Juan 20:28; I Timoteo 3:16.) Dios dijo a Su pueblo que deberían rechazar a cualquier soñador o hacedor de milagros que tratara de guiarles en la adoración a otros dioses y que deberían rechazar a cualquier profeta que hablara en nombre de otros dioses (Deuteronomio 13:1-3; 18:20).

El Espíritu no guiará a alguien a maldecir o a blasfemar a Jesús. Nadie puede verdaderamente decir que Jesús es Señor sino por el Espíritu Santo. Cuando alguien verdaderamente comprende quién es Jesús, y cuando alguien verdaderamente somete su vida a Jesús, debemos reconocer eso como una obra del Espíritu Santo.

Esto no quiere decir que cada persona que hace una confesión verbal de Jesús está llena del Espíritu Santo, vive una vida piadosa, o que sea salva. Tampoco significa que cada hecho o pronunciamiento de aquella persona sea la obra del Espíritu. Muchas veces existe una diferencia entre una profesión y la realidad, entre la aceptación mental y una fe salvadora, entre una confesión verbal y la obediencia. (Véase Mateo 7:21-27; Lucas 13:24-30; Juan 2:23-25; 12:42-43; Santiago 2:19-20.)

En cambio, la segunda mitad del versículo tres dice que la gracia de Dios, la cual aparece a todos, es la fuente de toda comprensión y experiencia verdadera y espiritual. (Véase Tito 2:11; 3:4-7.) Es Dios quien guía a una persona al punto de confesar que Jesús es Señor. Cuando Pedro confesaba que Jesús era el Mesías, el Hijo del Dios

LOS DONES ESPIRITUALES

viviente (Dios manifestado en carne), Jesús respondió, "No te lo reveló carne ni sangre, sino mi Padre que está en los cielos." (Mateo 16:16-17.) Últimamente, nadie puede verdaderamente comprender la identidad de Jesucristo, incluyendo la unión de la deidad plena y la humanidad perfecta en El, sin la iluminación del Espíritu Santo. Las Escrituras declaran esta verdad, pero el Espíritu de Dios tiene que iluminarla a nuestros corazones y mentes. El intelecto humano, la educación, la filosofía, y la tradición son todos inadecuados para esta tarea. (Véase Colosenses 2:8-9.)

Hay otra implicación para la vida cristiana, en que al confesar verdaderamente a Jesús como Señor involucra el hecho actual de hacerle Señor de nuestras vidas. (Véase Lucas 6:46.) La única manera en que nosotros podemos hacer de esta confesión una realidad diaria es por el poder del Espíritu Santo. El Espíritu Santo nos da poder para dejar el pecado, comenzar una vida nueva, testificar tanto por palabra y por hecho de nuestras vidas cambiadas, producir fruto espiritual, y caminar en santidad. (Véase Hechos 1:8; Romanos 8:13; Gálatas 5:22-23.)

"Ahora bien, hay diversidad de dones, pero el Espíritu es el mismo. Y hay diversidad de ministerios, pero el Señor es el mismo. Y hay diversidad de operaciones, pero Dios, que hace todas las cosas en todos, es el mismo" (Versículos 4-6).

El Señor obra de varias maneras, concediendo diversos dones, ministerios, y actividades sobre diferentes individuos. Pero es el mismo Espíritu quien concede

Los Dones Espirituales en el Cuerpo de Cristo

todas estas cosas. Todos nosotros debemos desear dones espirituales, pero no debemos esperar que todos seamos usados de la misma manera. No debemos envidiar o ser envidiosos de otros, ni buscar el imitarles, sino debemos buscar la obra única de Dios en nuestras vidas.

Además, no debemos juzgar la espiritualidad de otros por los géneros de dones que ellos ejerzan. Aunque algunos dones son más prominentes o visibles que otros, es el mismo Dios quien obra en cada miembro de la iglesia.

Este pasaje usa tres títulos de Dios para impartir diferentes matices de significado, pero el tema dominante es la unicidad de Dios y la unidad de Su obra en la iglesia. El título "Dios" es el más general, como refiriéndose a la totalidad de la esencia y la obra divina. El título "Señor" significa, "Maestro," "gobernador," y enfatiza la autoridad y el poder administrativo de Dios para hacer decisiones. El título "Espíritu" describe al Dios único en acción sobrenatural, en particular en nuestro mundo y en nuestras vidas individuales. El Espíritu Santo no es una entidad separada de Dios, pero es "el Espíritu de Dios," "el Espíritu de Jesucristo," y "el Espíritu de vuestro Padre." (Véase Mateo 10:20; Filipenses 1:19; Romanos 8:9.)

"Pero a cada uno le es dada la manifestación del Espíritu para provecho. Porque a éste es dada por el Espíritu palabra de sabiduría; a otro, palabra de ciencia según el mismo Espíritu; a otro, fe por el mismo Espíritu; y a otro, dones de sanidades por el mismo Espíritu. A otro, el hacer milagros; a otro profecía; a otro, discernimiento de espíritus; a otro, diversos

LOS DONES ESPIRITUALES

géneros de lenguas; y a otro, interpretación de lenguas. Pero todas estas cosas las hace uno y el mismo Espíritu, repartiendo a cada uno en particular como Él quiere" (versículos 7-11).

Como hablamos en el capítulo 2, Dios es la fuente de los dones, y los concede de acuerdo a Su voluntad. Cualquier doctrina o práctica que promueve el reparto o el ejercicio de los dones según los deseos y esquemas humanos es errónea.

Este pasaje declara repetidas veces que cada don viene por "el mismo Espíritu," haciendo eco a los versículos 4-6. Que la gente reciba diferentes dones no es una base para el orgullo, la competencia, desunión, o riña, porque todos los dones vienen por "uno y del mismo Espíritu" (versículo 11).

Como se habló en el versículo 3, Dios concede los dones para el beneficio de todos. Aunque las manifestaciones vienen a los individuos, el propósito es edificar al cuerpo.

En esta relación se levanta una pregunta, si los dones pertenecen a individuos o a la iglesia. Si alguien da una profecía, ¿debemos decir que él ocupa el oficio de profeta? ¿debemos decir que él posee en forma permanente el don de profecía?, o ¿debemos decir simplemente que él ha ejercido el don de profecía en una ocasión en particular? Si alguien ora por varias personas enfermas y ellos son sanados inmediatamente o al instante, ¿debemos identificarle como un sanador? ¿tiene él un don residente de sanidad?, y si es así, ¿debemos constantemente llevar a los enfermos a él para oración? ¿Habría algún valor en

Los Dones Espirituales en el Cuerpo de Cristo

pedir que alguien orara por los enfermos si no expresan tener ese don? O ¿debemos llevar a los enfermos hacia un reconocido "Sanador"? Un autodenominado apóstol anunció de sí mismo, en una revista carismática, que él poseía todos los nueve dones del Espíritu. ¿Es apropiado esto?

Para contestar a estas preguntas, debemos comparar dos hilos de pensamientos bíblicos. Por un lado, los versículos 8-10 dicen que Dios da distintos dones a individuos específicos: un don se le da a "este," y un diferente don se le da "a otro." Versículos 29 al 30 indican que algunas personas, pero no todas, son "hacedores de milagros" y "tienen dones de sanidad."

Por otro lado, el tema central de I Corintios 12 es que Dios da los dones "para provecho de todos" (versículo 7) y para operar dentro de "un cuerpo" (versículo 13). Tal como el pie o el oído no puede funcionar aislado del resto del cuerpo, así los miembros de la iglesia no pueden funcionar sin los otros miembros de la iglesia (versículos 15-25).

Jesús prometió milagros y sanidades a todos los creyentes, y no sólo a algunos. "Y estas señales seguirán a los que creen: En mi nombre echarán fuera demonios; hablarán nuevas lenguas; tomarán en las manos serpientes, y si bebieren cosa mortífera, no les hará daño; sobre los enfermos pondrán sus manos, y sanarán" (Marcos 16:17-18). También, todos los ancianos de la iglesia, y no sólo algunos "sanadores," son calificados para orar por la sanidad de los enfermos: "¿Está alguno enfermo entre vosotros? Llame a los ancianos de la iglesia, y oren por él, ungiéndole con aceite en el nombre del Señor. Y la oración de fe salvará al enfermo, y el Señor lo levantará; y si hubiere cometido pecados, le serán perdo-

LOS DONES ESPIRITUALES

nados" (Santiago 5:14-15).

Quizás la mejor explicación es que *el Espíritu da dones sobrenaturales a la iglesia para ser ejercidos por individuos*, a como Él desee y obre y a como se presente la necesidad. Los dones operan por medio de individuos, pero cada manifestación es un don para el cuerpo y no simplemente para el individuo por medio del cual viene el don. A menudo una persona ejerce el mismo don, no porque le pertenece sino porque él fácilmente puede tener fe para la operación de ello vez tras vez. Cada manifestación se presenta a como el "Espíritu"—no el individuo—"quiere" y "obra" en la iglesia (I Corintios 12:11).

Desde este punto de vista, no todos ejercerán cada don, pero cada persona puede potencialmente ejercer cualquier don. Ningún don es la posesión exclusiva de unos pocos seleccionados. Esta comprensión parece ser la única manera de resolver dos declaraciones muy diferentes acerca del don de la profecía: A unos pocos Dios les da la capacidad de profetizar (en por lo menos una cierta ocasión), pero Él permite que todos profeticen (a como Él se mueve). "Ahora bien, hay diversidad de dones . . . porque a este es dada por el Espíritu palabra de sabiduría . . . a otro, profecía" (I Corintios 12:4, 8, 10). "Porque podéis profetizar todos uno por uno" (I Corintios 14:31).

Enfatizando que la iglesia entera posee los dones nos ayuda a evitar el orgullo espiritual y nos anima a siempre depender uno del otro y del Espíritu Santo. Aunque es propio tener confianza y aprecio por o para los individuos quienes frecuentemente se rinden a Dios en el ejercicio de ciertos dones, no debemos depender de ellos sino del Espíritu y del cuerpo entero de la iglesia. Si necesitamos una palabra de sabiduría o una sanidad, y nadie que haya tenido experiencia en estos campos está presente, podemos unirnos en fe y confiar que Dios supla la necesidad.

En cuanto a la iglesia como cuerpo, miramos a los líderes espirituales, como cuando pedimos a los ancianos que oren por los enfermos de acuerdo a Santiago 5:14-15. Sin embargo, si se presenta una necesidad urgente en nuestra vida diaria o si una oportunidad se nos presenta repentinamente, o mientras testificamos a alguien, no estamos limitados solo porque no esté presente un líder espiritual. Puesto que cada creyente es una extensión de la iglesia y su representante al mundo en derredor, cada uno de nosotros puede orar por una sanidad instantánea, protección divina, o algún otro milagro, como Jesús prometió en Marcos 16:16-17.

I Corintios 12:8-10 enumera nueve dones sobrenaturales del Espíritu. Por el bien del estudio, comunmente se les clasifica en tres categorías, como sigue:

A. Los dones de revelación
1. Palabra de sabiduría
2. Palabra de ciencia
3. Discernimiento de espíritus

B. Los dones de poder
1. Fe
2. Hacer milagros
3. Dones de sanidad

C. Dones del hablar
1. Profecía
2. Diversos géneros de lenguas
3. Interpretación de lenguas

Usando la identidad bíblica de la iglesia como el cuerpo de Cristo, que sigue a continuación la lista de los nueve dones, podemos describir estas tres categorías respectivamente como manifestaciones de *la mente de Cristo, las manos de Cristo, y la voz de Cristo*. Hablaremos de estos nueve dones individualmente en los capítulos 7-13.

EJERCIENDO LOS DONES ESPIRITUALES EN EL CUERPO
(I CORINTIOS 12:12-31)

"Porque así como el cuerpo es uno, y tiene muchos miembros, pero todos los miembros del cuerpo, siendo muchos, son un solo cuerpo, así también Cristo. Porque por un solo Espíritu fuimos todos bautizados en un cuerpo, sean judíos o griegos, sean esclavos o libres; y a todos se nos dio a beber de un mismo Espíritu" (versículos 12-13).

Inmediatamente después de enumerar los nueve dones espirituales, I Corintios 12 describe a la iglesia como el cuerpo de Cristo. El tema principal es la unidad entre la diversidad. No importa nuestros varios trasfondos étnicos y sociales, el único Espíritu de Dios nos hace a todos un cuerpo en Cristo, tal como Él nos usa en diversas maneras.

Los Dones Espirituales en el Cuerpo de Cristo

Del versículo 13 vemos la importancia de ser bautizados con el Espíritu Santo. El bautismo del Espíritu Santo nos pone en el cuerpo de Cristo. Esta declaración no niega el rol complementario del bautismo en agua pero menciona solo el Espíritu porque el tema del pasaje es la obra del Espíritu y porque es por medio del Espíritu que tenemos una viva comunión. (Véase II Corintios 13:14; Filipenses 2:1.) Otros pasajes enseñan que el bautismo en agua en el nombre de Jesucristo también es parte de la iniciación cristiana. (Véase Hechos 2:37-41; Romanos 6:3-4; I Corintios 6:11; Gálatas 3:27.) Aquí Pablo probablemente tomó por entendido el caso típico del bautismo en agua antes del bautismo del Espíritu Santo (Hechos 2:38). Él les recordó a sus lectores que, después de su bautismo en agua, cuando ellos procedieron a recibir el bautismo del Espíritu Santo, fueron introducidos a una comunión viva espiritual con Cristo y Su iglesia. Tal como una vasija vacía es llenada cuando es sumergida en algún líquido, así ellos se llenaron del Espíritu, cuando esta experiencia vino sobre ellos.

En los Hechos 1:5, Jesús prometió a Sus discípulos, "seréis bautizados con el Espíritu Santo dentro de no muchos días." La preposición griega que se traduce aquí "con" es *en*, lo que también se traduce "en." Lingüísticamente entonces la promesa de Jesús en Hechos 1:5 y la descripción dada por Pablo en I Corintios 12:13 se refieren al mismo evento.

La promesa de Jesús se cumplió en el día de Pentecostés. "Y fueron todos llenos del Espíritu Santo, y comenzaron a hablar en otras lenguas, según el Espíritu les daba que hablasen" (Hechos 2:4). Aquel día, Pedro describió aquella experiencia como el "derramamiento" del Espíritu y como el "recibir el don del Espíritu Santo" (Hechos 2:33-38). Cuando más tarde los gentiles recibieron la misma experiencia, la Biblia dice que el Espíritu "cayó sobre" ellos, y que recibieron el Espíritu Santo. (Hechos 10:44-47; 11:15-17).

Claramente, entonces, por la misma experiencia sobrenatural el mismo Espíritu nos incorpora en el cuerpo de Cristo y también nos da poder para ser testigos vivientes, poder para producir fruto espiritual y poder para ejercer los dones espirituales. (Véase Hechos 1:8; I Corintios 12:1-10; Gálatas 5:22-23.) Es un error diferenciar distintamente entre recibir al Espíritu para entrar en el cuerpo de Cristo y recibir al Espíritu para servir al cuerpo de Cristo. No nos unimos al cuerpo como un miembro sin funciones. Recibimos un Espíritu (no dos o tres) en una experiencia inicial comprensiva, y el Espíritu trae consigo la potencialidad para todo el fruto espiritual y todos los dones espirituales.

"Además, el cuerpo no es un solo miembro, sino muchos. Si dijere el pie: Porque no soy mano, no soy del cuerpo, ¿por eso no será del cuerpo? Y si dijere la oreja: Porque no soy ojo, no soy del cuerpo, ¿por eso no será del cuerpo? Si todo el cuerpo fuese ojo, ¿dónde estaría el oído? Si todo fuese oído, ¿dónde estaría el olfato? Mas ahora Dios ha colocado los miembros cada uno de ellos en el cuerpo, como Él quiso. Porque si todos fueran un solo miembro, ¿dónde estaría el cuerpo? Pero ahora son muchos los miembros, pero el cuerpo es uno solo. Ni el ojo puede decir a la mano: No

Los Dones Espirituales en el Cuerpo de Cristo

te necesito, ni tampoco la cabeza a los pies: No tengo necesidad de vosotros. Antes bien los miembros del cuerpo que parecen más débiles, son los más necesarios; y a aquellos del cuerpo que nos parecen menos dignos, a éstos vestimos más dignamente; y los que en nosotros son menos decorosos, se tratan con más decoro. Porque los que en nosotros son más decorosos, no tienen necesidad; pero Dios ordenó el cuerpo, dando más abundante honor al que le faltaba, para que no haya desavenencia en el cuerpo, sino que los miembros todos se preocupen los unos por los otros. De manera que si un miembro padece, todos los miembros se duelen con él, y si un miembro recibe honra, todos los miembros con él se gozan" (versículos 14-26).

Este pasaje presenta la descripción de la iglesia como el cuerpo de Cristo y enfatiza el tema de la unidad entre la diversidad. Si no comprendemos cómo opera el cuerpo de Cristo, y debido a que los dones espirituales son tan sobrenaturales y espectaculares, es fácil que de su uso resulten el orgullo, el celo, adoración egocéntrica, y contienda. La analogía del cuerpo humano nos enseña varias lecciones importantes que nos ayudan a ejercer los dones armoniosamente y beneficiosamente.

1. *La iglesia es unida pero no uniforme; hay unidad entre diversidad* (versículos 14, 20).

2. *Para funcionar eficazmente, los miembros necesitan la unidad y deben reconocer su rol como parte del cuerpo* (versículos 15 y 16).

3. *Para funcionar eficazmente, la iglesia necesita diversidad y debe reconocer los diversos roles de sus*

LOS DONES ESPIRITUALES

miembros (versículos 17, 19).
  4. *Dios es el que ha ordenado esta unidad entre diversidad; Él ha diseñado nuestros diversos roles como Él quiso* (versículo 18).
  5. *Cada miembro es necesario y valioso, aunque algunos reciben menos reconocimiento que otros* (versículos 21-24).
  6. *Los miembros deben esforzarse en la unidad, prevenir divisiones y cultivar el cuidado y respeto mutuo* (versículos 25 y 26).

Si no comprendemos estos principios, podemos pensar que porque una persona ejerce un don espectacular, él es entonces más espiritual, más importante, o más digno que otros en la iglesia. Y aquella persona puede pensar que no necesita la comunión, disciplina, dirección, y liderazgo espiritual de la iglesia. Pero cuando estudiamos la operación del cuerpo humano, aprendemos que el cuerpo necesita todos sus miembros, y todos los miembros necesitan al cuerpo.

Por ejemplo, las partes del cuerpo que parecen ser débiles y vulnerables, como nuestros miembros internos, son actualmente indispensables. Algunas partes parecen ser de menos honor, valor o menos vitales—como el cabello—sin embargo los tratamos con un honor especial. Tratamos a nuestras partes secretas con una modestia especial, pero nuestras partes visibles, como nuestras manos, no requieren tal trato. Algunas partes tienen mayor visibilidad, otras tienen mayor utilidad, pero todos sirven un propósito.

También es así en el cuerpo de Cristo. Cada asamblea necesita el beneficio del rango completo de dones

Los Dones Espirituales en el Cuerpo de Cristo

espirituales, y cada miembro debe ser una parte activa del cuerpo.

"Vosotros, pues, sois el cuerpo de Cristo, y miembros cada uno en particular. Y a unos puso Dios en la iglesia, primeramente apóstoles, luego profetas, lo tercero maestros, luego los que hacen milagros, después los que sanan, los que ayudan, los que administran, los que tienen don de lenguas. ¿Son todos apóstoles? ¿son todos profetas? ¿todos maestros? ¿hacen todos milagros? ¿Tienen todos dones de sanidad? ¿hablan todos lenguas? ¿interpretan todos?" (versículos 27-30)

Este pasaje aplica la analogía del cuerpo a la discusión de los dones espirituales. Como dijimos en el capitulo 1, estos versículos proveen ejemplos de los dones del oficio del ministerio (apóstoles, profetas, maestros), los dones de servicio (ayuda, administraciones), y los dones espirituales sobrenaturales (milagros, sanidades, lenguas, interpretación).

El orden de la lista indica que los dones del oficio del ministerio son los más importantes para la función de la iglesia, seguidos por los dones sobrenaturales de poder, después los dones de servicio, y finalmente los dones sobrenaturales del hablar. No debemos enfatizar demasiado el orden de los dones ni de la omisión aquí de algunos dones. El pasaje simplemente enumera los ejemplos; su propósito no es de dar un orden preciso y exhaustivo, ni de minimizar ningún don en particular.

Por supuesto, tanto en el cuerpo humano como en

LOS DONES ESPIRITUALES

la iglesia algunas funciones son más vitales que otras. El cuerpo humano puede sobrevivir sin un pie, pero no sin un corazón latente. Sin embargo, no debemos escoger entre los dos miembros. Un cuerpo sano tendrá los dos, y ambos son necesarios para que el cuerpo funcione como Dios quiere. De la misma manera, la iglesia nunca podría haber existido sin el ministerio de los apóstoles, profetas, y maestros, sin embargo, podría cojearse por un tiempo sin ayuda, administraciones y mensajes públicos en lenguas. Pero esto no es ninguna justificación para despreciar al último o aun estar contentos sin ellos. Una iglesia sana y completamente funcional deseará y adquirirá todos los dones de Dios para Su cuerpo.

Los versículos 29 y 30 preguntan retóricamente si todos ocupan ciertos oficios del ministerio o si ejercen ciertos dones sobrenaturales. La respuesta esperada es no (no hay ningún ejemplo de los dones de servicio aquí, quizás porque esta categoría es lo suficientemente amplia para incluir a todos). No todos ocupan uno de los oficios en Efesios 4:11, y no todos ejercerán uno de los dones sobrenaturales de I Corintios 12:8-10. Sin embargo, cada uno es importante en el cuerpo de Cristo.

Debemos notar que el versículo 30 no se refiere a las lenguas como la evidencia inicial de recibir el Espíritu Santo. En cambio significa el don de lenguas que se ejerce en el culto público para el beneficio de la congregación, lo que debe ser acompañado por una interpretación. De hecho, el don de interpretación se menciona a continuación (para más discusión acerca de este punto, véase el capítulo 12).

Los Dones Espirituales en el Cuerpo de Cristo

"Procurad, pues, los dones mejores. Mas yo os muestro un camino aun más excelente" (versículo 31).

El propósito de la discusión anterior no es para desanimar el ejercer de ningún don. Dios quiere que cada cuerpo de creyentes posea el rango completo o todo el rango de dones espirituales. Ningún individuo necesariamente ejercerá cada don, pero la potencialidad de cada don reside en él. Aunque no todos ejercerán los dones espectaculares, todos deben procurar fervientemente los dones más necesarios y valiosos para una cierta situación. Si una asamblea local carece totalmente de un cierto don, ciertamente sería un don importante que procurar. (Véase la discusión en el capítulo 4).

Y todavía, como se explica en I Corintios 13, hay algo aún más importante que procurar los dones espirituales, y eso es poseer y manifestar el amor divino. Otra vez, no debemos escoger un don sobre otro, porque Dios quiere que poseamos tanto el fruto del Espíritu—principalmente el amor—como los dones del Espíritu. Pero como un asunto de prioridad, debemos desarrollar un amor maduro, antes de que podamos ejercer apropiadamente los dones espirituales.

CAPÍTULO SEIS

I CORINTIOS 13: EL AMOR EN EL EJERCICIO DE LOS DONES ESPIRITUALES

El tema de I Corintios 13, uno de los capítulos más citados de la Biblia, es el amor. Significativamente, está ubicado en medio de la discusión acerca de los dones espirituales. Entonces Dios lo ha enfatizado así, la prioridad del amor sobre los dones espirituales y la necesidad del amor al ejercer los dones espirituales. Analicemos este pasaje con referencia en particular a los dones.

LA SUPREMACÍA DEL AMOR (I CORINTIOS 13:1-3)

"Si yo hablase lenguas humanas y angélicas, y no tengo amor, vengo a ser como metal que resuena, o címbalo que retiñe. Y si tuviese profecía, y entendiese todos los misterios y toda ciencia, y si tuviese toda la fe, de tal manera que trasladase los montes, y no tengo amor, nada soy. Y si repartiese todos mis bienes

LOS DONES ESPIRITUALES

para dar de comer a los pobres, y si entregase mi cuerpo para ser quemado, y no tengo amor, de nada me sirve."

El "camino aún más excelente" de I Corintios 12:31 es el camino del amor. I Corintios 13 enseña la supremacía del amor en la vida cristiana. Ninguna discusión sobre los dones espirituales está completa sin considerar al amor, porque el amor es el motivo necesario para cada acción.

La palabra griega para amor en este versículo es *ágape*, que en su sentido más sublime significa el amor divino, no egoísta, el amor de sacrificio, el amor sin esperanza de ser correspondido.

Para establecer su punto, el pasaje cita varios de los dones espirituales de I Corintios 12—lenguas, profecía, ciencia, fe—tanto como las buenas obras. De hecho provee unos ejemplos superlativos: lenguas angélicas tanto como humanas, conocimiento comprensivo (no solamente unas "palabras"), que abarca todo el misterio; una fe completa, suficiente para mover montañas; despojándose de toda posesión; y el martirio más cruel. Sin embargo, aunque una persona manifieste todos estos dones y obras en su grado más amplio, sin amor no es nada y sus hechos no le benefician en nada. En el día de hoy, las multitudes se amontonarían alrededor de alguien que exhibiera tales dones y obras, pero la Biblia nos advierte que ninguno de los dones, en sí mismos, son pruebas de espiritualidad y verdad.

En pocas palabras, el único motivo aceptable para operar los dones espirituales es el amor. Aunque debemos procurar fervientemente los dones espirituales (I Corin-

El Amor en el Ejercicio de los Dones Espirituales

tios 12:31), debemos procurarlos por el motivo correcto: no para exaltarnos a nosotros mismos sino para bendecir a otros. Quizás una razón por la que muchos cristianos no ven el operar de más dones es porque los desean en una forma egocéntrica. (Véase Santiago 4:3.)

Cuando ejercemos un don espiritual debemos preguntarnos, ¿Estoy hablando o actuando en amor? ¿Es mi motivo verdadero el amor por Dios, Su iglesia, y los perdidos?, o ¿lo procuro para exaltar mi ego?

Los motivos humanos pueden ser una mezcla de lo egoísta y lo noble. Además, nosotros los seres humanos tenemos gran habilidad para justificarnos y engañarnos a nosotros mismos. Jeremías 17:9 dice "Engañoso es el corazón más que todas las cosas, y perverso; ¿quién lo conocerá?" Ninguno de nosotros puede confiar en su propio corazón, pero debemos examinarnos periódicamente, pedir que Dios nos revele cualquier impureza secreta, y pedirle que nos purgue de motivos y deseos impropios.

El salmista mostró esta actitud en su oración: "¿Quién podrá entender sus propios errores? Líbrame de los que me son ocultos. Preserva también a tu siervo de las soberbias; Que no se enseñoreen de mí; Entonces seré íntegro, y estaré limpio de gran rebelión. Sean gratos los dichos de mi boca y la meditación de mi corazón delante de ti, Oh Jehová, roca mía, y redentor mío" (Salmo 19:12-14).

Aunque podemos y debemos tener un deseo fuerte para la operación de los dones espirituales, debemos reconocer que es peligroso el procurarlos sin amor. Porque son sobrenaturales y a menudo espectaculares, podemos fácilmente procurarlos para atención o intereses personales, ignorando así lo que es mejor para los demás. Sin embargo, debemos continuamente recordarnos a nosotros mismos que sin amor todos estos dones no tienen sentido.

LAS CARACTERÍSTICAS DEL AMOR
(I CORINTIOS 13:4-7)

"El amor es sufrido, es benigno; el amor no tiene envidia, el amor no es jactancioso, no se envanece; no hace nada indebido, no busca lo suyo, no se irrita, no guarda rencor; no se goza de la injusticia, mas se goza de la verdad. Todo lo sufre, todo lo cree, todo lo espera, todo lo soporta."

Estos versículos describen la esencia del amor, el tipo de amor que es necesario en el ejercicio de los dones espirituales. Las siguientes características del amor serán vistas en la operación correcta de los dones espirituales.

1. *Sufrido*
2. *Benigno*
3. *No tiene envidia*
4. *No es jactancioso*
5. *No se envanece*
6. *No hace nada indebido*
7. *No busca lo suyo*
8. *No se irrita*
9. *No guarda rencor*
10. *No se goza de la injusticia*

El Amor en el Ejercicio de los Dones Espirituales

11. *Se goza de la verdad*
12. *Todo lo sufre*
13. *Todo lo cree*
14. *Todo lo espera*
15. *Todo lo soporta*

Claramente, como revelan los versículos 1 al 3, es posible que alguien ejerza los dones espirituales sin amor, pero eso sería un mal uso de los dones. Las características del amor antes nombradas nos ayudan a aprender a usar los dones en una manera correcta y nos ayudan a identificar los usos incorrectos. Por ejemplo, Dios nunca concede dones espirituales para una reprensión precipitada, tosca, descortés, o enfadada. Él no concede los dones para avergonzar y humillar a otros, ni para buscar la venganza de otro, ni para promover la envidia ni la contienda. Él no da los dones para exaltar a los receptores ni para gratificar sus deseos personales. Al contrario, el uso correcto de los dones espirituales siempre promoverá la verdad de la Palabra de Dios, la protección de las almas, la confianza en Dios, la esperanza para el futuro, y la perseverancia en la fe.

Si somos controlados por el amor no usaremos mal los dones espirituales. Los operaremos como Dios quiere, y no para exaltación o gratificación propia. No tendremos envidia de otros a quienes Dios usa y no usaremos la profecía para maldecir a otros. No seremos llevados a la adoración egocéntrica, doctrina falsa, o la rebelión por las manifestaciones espirituales, pero nuestras prioridades serán la de amar a Dios, amar a la verdad, y amar a las almas.

LOS DONES ESPIRITUALES

LA PERMANENCIA DEL AMOR
(I CORINTIOS 13:8-13)

"El amor nunca deja de ser; pero las profecías se acabarán, y cesarán las lenguas, y la ciencia acabará. Porque en parte conocemos, y en parte profetizamos; más cuando venga lo perfecto, entonces lo que es en parte se acabará. Cuando yo era niño, hablaba como niño, pensaba como niño, juzgaba como niño; mas cuando ya fui hombre, dejé lo que era de niño. Ahora vemos por espejo, oscuramente; mas entonces veremos cara a cara. Ahora conozco en parte; pero entonces conoceré como fui conocido. Y ahora permanecen la fe, la esperanza y el amor, estos tres; pero el mayor de ellos es el amor."

Debemos estimar el amor sobre los dones espirituales porque solo el amor es eterno. Solo el amor es de la esencia del eterno reino de Dios. La permanencia del amor demuestra su superioridad sobre todos los dones y virtudes.

Cuando Cristo rapte Su iglesia y establezca Su reino eterno, ya no tendremos necesidad de los dones espirituales, porque llegaremos a una madurez y perfección total en Él. Tendremos comunión perfecta con Dios; entonces no tendremos necesidad de lenguas ni profecía. Tendremos conocimiento completo; entonces no tendremos necesidad de conocimiento parcial ("la palabra de ciencia.")

En esta vida, andamos por la fe, no por la vista

(II Corintios 5:7). Somos salvados en esperanza, ya que aún no podemos ver nuestra última salvación (Romanos 8:24-25), pero un día veremos todas las cosas claramente (I Corintios 13:12). Cuando venga el Señor por nosotros, ya no tendremos necesidad de fe ni de esperanza, porque nuestra trayectoria se habrá terminado y heredaremos todas las promesas de Dios. Pero el amor siempre nos unirá con Dios y unos con otros.

Algunos teólogos dicen que los dones sobrenaturales, particularmente las lenguas, ya han cesado. Si es así, entonces tendremos que decir también en base a este pasaje que la profecía y el conocimiento parcial también han cesado, que tenemos vista y conocimiento perfectos, y por implicación, que ya no tenemos necesidad de la fe y la esperanza. Obviamente, este punto de vista es erróneo.

Los dones no cesarán hasta que venga "lo perfecto." Algunos dicen que lo perfecto se refiere a la Biblia, que se hizo completa al terminarse el Nuevo Testamento. Aunque la Biblia es la completa Palabra de Dios para nosotros, ni la iglesia ni el mundo ha obtenido la perfección absoluta y no la obtendrá hasta después de que el Señor regrese a la tierra. La época neotestamentaria no se acaba todavía, y los propósitos para los dones siempre son relevantes.

Además, en el griego "perfección" es *teleios*, lo que es género singular. Pero en el griego se habla de la Biblia completa como "las Escrituras." Veinte veces el Nuevo Testamento usa *graphai*, que es género femenino plural, y una vez se usa *grammata*, que es género plural. Gramaticalmente, ninguna de estas palabras está de acuerdo con *teleios*, entonces no puede ser un pronombre que sirva como sustituto para "las Escrituras."

LOS DONES ESPIRITUALES

I Corintios 1:7 ya estableció que los dones permanecerán hasta la Segunda Venida. "Perfección" debe referirse a este evento o al reino que Cristo establecerá en Su venida.

Alguien ha dicho que la fe descansa en el pasado, la esperanza mira hacia el futuro, pero el amor obra en el presente. El amor es el más importante de los tres porque opera en el presente término.

Preguntas de discusión:

El Amor en el Cuerpo de Cristo

Capítulos 5-6

1. ¿Por cuánto tiempo has sido cristiano y como describirías tu nivel de madurez espiritual?

2. ¿Indica la operación de ciertos dones en la vida de un cristiano su nivel de madurez espiritual? ¿Por qué sí y por qué no?

3. Si queremos ser usados por Dios en los dones espirituales, ¿Cómo podemos buscar esto? ¿Cuál es la motivación apropiada para buscar los dones espirituales?

4. ¿Le pertenece los dones espirituales al individuo o a la iglesia?

5. ¿Hay algo mas importante para desear de parte de Dios que los dones espirituales? ¿Por qué sí o por qué no?

CAPÍTULO SIETE

SABIDURÍA, CIENCIA, Y DISCERNIMIENTO DE ESPÍRITUS

Ahora queremos comenzar una discusión acerca de cada uno de los dones enumerados en I Corintios 12. Los primeros tres que vamos a considerar son la palabra de sabiduría, la palabra de ciencia, y el discernimiento de espíritus. Para el bien de nuestro estudio los identificaremos como *los dones de revelación*, porque ellos tratan de una concesión directa de percepción o comprensión de la mente de Dios hacia nosotros.

PALABRA DE SABIDURÍA

El primer don enumerado en I Corintios 12 es "la palabra de sabiduría." La palabra griega para "sabiduría" en este pasaje es la palabra común, *sofía*. "Sabiduría" significa "comprendiendo lo que es verdadero, correcto, o duradero; perspicacia; . . . sentido común; juicio sano." El conocimiento es una comprensión de los hechos, pero la sabiduría es una comprensión de cómo usar los hechos

LOS DONES ESPIRITUALES

para formular buenas decisiones. La sabiduría incluye percepción, juicio y dirección.

Dios no imparte toda Su sabiduría, sino una "palabra", o una porción de sabiduría. La palabra griega para "palabra" en este pasaje es *logos*, que típicamente se refiere al pensamiento o al hablar. El don de "la palabra de sabiduría" no concede la infalibilidad ni la dirección divina en todos los asuntos, pero tiene que ver con una decisión o una necesidad especifica.

Basado en las palabras de I Corintios 12:8 tanto como el texto entero de los capítulos 12 al 14 de I Corintios, podemos definir la palabra de sabiduría como *el don sobrenatural de una porción divina de perspicacia, juicio, o dirección para una necesidad en particular.*

Dios ha obrado milagrosamente a través de la historia humana, entonces podemos hallar en el Antiguo Testamento y en los evangelios paralelos a los dones del Espíritu. Puesto que los dones de I Corintios 12 se dan a los creyentes neotestamentarios, quienes son bautizados con el Espíritu Santo, podemos esperar hallar instancias específicas de ellos en el libro de los Hechos y en las epístolas.

Podemos hallar un ejemplo de la palabra de sabiduría en la historia del viaje a Roma del apóstol Pablo como prisionero. Aunque Pablo no era un marinero profesional, el Señor le reveló que no era aconsejable seguir el viaje, y él comunicó este mensaje al centurión romano quien estaba a cargo de él, al piloto, y al patrón de la nave.

"Y habiendo pasado mucho tiempo, y siendo ya peligrosa la navegación, por haber pasado ya el ayuno, Pablo les amonestaba, diciéndoles: Varones, veo que la navegación va a ser con perjuicio y mucha pérdida, no sólo del cargamento y de la nave, sino también de nuestras personas." (Hechos 27:9-10)

Sin embargo, los profesionales concluyeron que no había peligro, y un viento suave comenzó a soplar del sur, aparentemente confirmando la opinión de ellos. Ellos ignoraron las palabras de Pablo y zarparon. Pronto encontraron una violenta tempestad en la cual perdieron tanto la carga como la nave. Habrían perdido sus vidas también si no hubiera sido por la intervención de Dios y más consejos de Pablo.

En este relato, la sabiduría humana, la experiencia, y la observación dijeron que no había peligro en zarpar, y Pablo no tenía ninguna pericia, ni razón humana para pensar lo contrario. Sin embargo, por medio de la sabiduría divina, Pablo sabía que era peligroso. Dios le dio una dirección sobrenatural aparte del juicio humano. Aunque inicialmente el centurión ignoró el consejo de Pablo, la palabra de sabiduría le dio a Pablo tanta credibilidad a la luz de eventos postreros, que al final, todos prestaron atención a sus instrucciones para la salvación de sus vidas.

Otro ejemplo de la palabra de sabiduría es cuando el Espíritu Santo guió a Pablo y a sus colaboradores en sus esfuerzos misioneros. El Espíritu les prohibió viajar a Asia o a Bitinia en ese momento; pero Dios le dio a Pablo una visión de alguien de Macedonia buscando ayuda. El grupo misionero decidió que Dios quiso que ellos fueran a Macedonia.

En el año 1976, mientras mi padre era misionero en

LOS DONES ESPIRITUALES

Corea del Sur, algunos opositores a la iglesia buscaban que fuese expulsado del país, que fuese disuelta la organización de la iglesia y que ellos recibiesen los bienes. Ante el gobierno ellos le acusaron falsamente de haber tramado el asesinato del Presidente del país. En ese momento el país estaba controlado estrictamente por la dictadura militar y vivía bajo constante amenaza de ataque por comunistas norcoreanos. Actos de espionaje eran comunes, y una vez un equipo de comandos norcoreanos casi llegó al palacio presidencial pero fueron descubiertos, y murieron en unos tiroteos en el centro de la ciudad. En el año 1974, un agente comunista asesinó a la esposa del Presidente. Falló en un intento de asesinar al Presidente mismo. Había también bastante inquietud debido a la oposición política doméstica. En aquel ambiente, la Agencia Central de Inteligencia surcoreana tomó esa acusación muy seriamente. De hecho el Presidente más tarde si fue asesinado.

Estaba programado que mi padre pronto predicaría en la primera conferencia mundial de la Iglesia Pentecostal Unida Internacional, que iba a llevarse a cabo en la ciudad de Jerusalén. Sin embargo, en oración él sintió una impresión del Espíritu Santo de que no debería de viajar, entonces canceló sus planes para viajar.

Más tarde, la Agencia Central de Inteligencia surcoreana condujo una extensa investigación, que incluyó la interrogación brutal de algunos alumnos del Instituto Bíblico del cual mi Padre era Presidente. Eventualmente el ministro de justicia citó a mi padre a su oficina, y le notificó de los resultados de su investigación. Le dijo que el gobierno tenía conocimiento del propuesto viaje de mi padre, y que inicialmente habían decidido que la solución más fácil al problema sería negarle el reingreso al país después de su viaje. No querían crear un incidente internacional por expulsarle del país, pero tampoco querían que él permaneciera en el país como una amenaza potencial. Puesto que él no viajó, tuvieron que investigar el caso y esto reveló que sus acusadores eran mentirosos.

Mi padre no tenía ninguna manera humana de conocer estos planes y ninguna razón humana para cancelar su viaje. Sin embargo, Dios le concedió sabiduría divina y como resultado el problema fue resuelto. El plan de los conspiradores fue desbaratado.

En mi propia vida, en varias ocasiones he sentido dirección específica de Dios. En el año 1981, obtuve una licencia ministerial, me gradué en el Colegio de Derecho de la Universidad de Texas en Austin, Texas; me casé y me mude a Jackson, Mississippi para servir como profesor en el Colegio de Ministerios de Jackson. Cuando mi esposa y yo dejamos la ciudad de Austin, le dije que sentí la impresión de que algún día volveríamos a Austin para trabajar por el Señor. Al pasar los años, llevábamos una carga por la ciudad, y cuatro veces recibí invitaciones de trabajar allí: para comenzar una obra satélite, servir como asistente a un pastor, y ser pastor de dos iglesias. En el año de 1986 contemplamos seriamente fundar una iglesia nueva allí. Consultamos con familiares, amigos, líderes espirituales, el presbítero de la sección, y el superintendente distrital. Todas las señales humanas nos animaban, pero no sentíamos una dirección positiva del Señor, entonces no fuimos.

En el año 1991 se intensificó nuestra carga. Una vez

más, comenzamos a orar, a buscar consejos, y reunir la información necesaria. Mientras mi esposa y yo orábamos juntos en el día 31 de Diciembre, el Espíritu de Dios vino sobre nosotros. Pedí a Dios que se cumpliese Romanos 8:26: "Pues qué hemos de pedir como conviene, no lo sabemos, pero el Espíritu mismo intercede por nosotros con gemidos indecibles." Inmediatamente, sentí una carga pesada sobre mi pecho, sentí casi como si estuviese ahogándome, y comencé a sollozar y a hablar fuertemente en lenguas. Sabíamos que Dios había contestado nuestras oraciones y que pronto nos daría dirección. Dos días después, en el día 2 de Enero de 1992, mientras orábamos mi esposa y yo, ambos tuvimos un sentimiento fuerte de victoria y una confirmación que deberíamos hacer planes inmediatamente para fundar una nueva iglesia en la ciudad de Austin. Después de recibir la aprobación de la Junta Distrital, fuimos.

Mirando hacia atrás, el momento no podría haber sido mejor. No sabíamos, pero, para el tiempo que nos mudamos a Austin varias familias también se mudaron allí, quienes serían parte de nuestra nueva iglesia, incluyendo una familia que había recibido el Espíritu Santo en el movimiento carismático y una familia que estaba conduciendo reuniones de oración en su hogar. Tarde en la década de los ochenta, Austin sufrió un severo declive económico, pero a principios de la década de los noventa se produjo un auge sin precedentes. Pudimos comprar una casa y propiedad para una iglesia justo antes de que los precios de bienes raíces se incrementaran rápidamente. En dos años, nuestra inversión en la propiedad casi se duplicó. Hablando humanamente, no podríamos haber anticipado, planeado, u orquestado estos y muchos otros eventos para traer a nuestra iglesia a un presente nivel de crecimiento y avivamiento, pero Dios nos dio dirección sobrenatural en el momento propicio.

LA PALABRA DE CIENCIA

El segundo don en I Corintios 12 es "La palabra de ciencia." La palabra griega para "ciencia" en este pasaje es la palabra común, *gnosis*. "Ciencia" significa "familiaridad, o atención . . . la suma o el rango de lo que ha sido percibido, descubierto, o aprendido." Este don se trata de una revelación de información divina a alguien que no lo conoce por medios naturales. Aunque otra persona pueda conocerlo, el receptor lo obtiene del Espíritu.

Como la palabra de sabiduría, la palabra de "ciencia" no significa el todo de la ciencia de Dios, sino una porción de la ciencia de Dios. Desde el texto y el contexto de los capítulos 12-14 de I Corintios, podemos definir la palabra de ciencia como *el don sobrenatural de una porción de información divina para una necesidad específica.*

Hechos 5:1-10 provee un ejemplo de este don: "Pero cierto hombre llamado Ananías, con Safira su mujer, vendió una heredad, y sustrajo del precio, sabiéndolo también su mujer; y trayendo sólo una parte, la puso a los pies de los apóstoles. Y dijo Pedro: Ananías, ¿por qué llenó Satanás tu corazón para que mintieses al Espíritu Santo, y sustrajeses del precio de la heredad? Reteniéndola, ¿no se te quedaba a ti? y vendida, ¿no estaba en tu poder?

¿Por qué pusiste esto en tu corazón? No has mentido a los hombres, sino a Dios. Al oír Ananías estas palabras . . . Pasado un lapso como de tres horas, sucedió que entró su mujer, no sabiendo lo que había acontecido. Entonces Pedro le dijo: Dime, ¿vendisteis en tanto la heredad? Y ella dijo: Sí, en tanto. Y Pedro le dijo: ¿Por qué convinisteis en tentar al Espíritu del Señor? He aquí a la puerta los pies de los que han sepultado a tu marido, y te sacarán a ti. Al instante ella cayó a los pies de él, y expiró."

Aquí, Dios reveló milagrosamente al Apóstol Pedro información secreta conocida solamente por Ananías y Safira. Ellos disimularon entregar el precio total de su terreno a la iglesia cuando en la actualidad entregaron solamente una parte. Aunque tenían derecho de guardar una parte o todo el dinero, ellos pecaron por mentir a la iglesia, y Dios le reveló la verdad a Pedro. Después que Ananías murió, Dios le reveló a Pedro que Safira recibiría el mismo juicio.

En Corea, mi madre y otros dos ministros estuvieron caminando a un pueblo costeño remoto para orar por un pastor quien estaba muy enfermo. (Mi padre tuvo que asistir a una reunión importante en el ministerio de asuntos culturales y de educación, lo cual tenía jurisdicción sobre la obra misionera). Los ministros tomaron un atajo por medio de unos campos de cultivo de arroz, una senda que mi madre no conocía. Pronto comenzó a nevar fuertemente hasta que no se podía ver casi nada. Los viajeros comenzaron a caer en las zanjas de regadío al lado de la senda. Lo que debería de haber sido una caminata de 45 minutos se convirtió en una caminata de 2 horas y aún no se podía ver el final del camino. El grupo estaba totalmente perdido.

Mi madre comenzó a orar fervientemente, y el Señor le hizo sentir que debería ir por el otro sentido. Sus compañeros pusieron fuertes objeciones diciendo que la senda los llevaría al Mar Amarillo, y esto les sería peligroso. Mi madre insistió que Dios le había hablado y que ella iba a viajar en aquella dirección. Recelosamente, los otros le siguieron. Después de una hora más de caminar vieron las luces del pueblo que buscaban. Sus manos estaban tan adormecidas que no pudieron tocar la puerta, pero una palabra de ciencia les hizo llegar sanos y salvos.

Mientras que estuvieron en Corea mis padres conducían cultos en inglés para los soldados norteamericanos además de atender a su obra misionera entre los coreanos. Un día un soldado y el hijo adolescente de un sargento mayor llegaron a su casa para la oración. Cuando ellos entraron por la puerta, Dios le reveló a mi padre que el soldado era homosexual. En consejos privados con mis padres, el hombre confesó su homosexualidad, y mi padre tomó medidas para asegurar que no estaría a solas con ninguno de los jóvenes.

Al terminar un culto evangelístico un domingo en la noche en la ciudad de Hammond, Louisiana, Dios le hizo sentir a mi madre que alguien debería tomar una decisión definitiva aquella noche. Ella le dijo a la congregación, "Hay alguien aquí que no debe dejar este edificio sin hablar con Dios. Siento una carga muy pesada acerca de esto." Una semana después, un obrero de construcción quien había estado en aquel culto fue herido en el trabajo y más tarde murió.

En otra ocasión en Gonzáles, Louisiana, mi madre

estuvo aconsejando a una mujer que había recibido el Espíritu Santo pero que seguía viviendo una vida pecaminosa. El Espíritu de Dios vino sobre mi madre y le reveló que algo serio le iba acontecer a aquella mujer si no se arrepentía. Dentro de una semana ella estuvo en el hospital con un brazo y una pierna paralizados. Después que se arrepintió en el hospital y que había consagrado su vida totalmente a Dios, Él la sanó.

Varias veces he sentido la dirección de Dios a hacer peticiones específicas mientras que estuve orando con la gente. Después algunas personas me dijeron, "Tú oraste exactamente de acuerdo a mis necesidades," aunque no tenía ningún conocimiento humano de ellos o de sus situaciones. En el año 1994, hablé en un retiro para ministros y sus esposas en el estado de Pennsylvania. El Señor se movió poderosamente en la última sección, y comencé a orar por varias personas. Después un pastor principal me dijo, "Yo noté que usted caminó directamente a un ministro joven que es de nuestra iglesia, pasando a todos los demás, e impuso sus manos sobre él. Él está en medio de una crisis y tiene que formular una decisión importante. Las palabras que tú oraste describieron su situación exactamente."

En 1997, una persona por primera vez en su vida vino a nuestra iglesia en Austin. Ella tenía una necesidad urgente. La iglesia donde normalmente asistía enseñaba el bautismo del Espíritu Santo, pero la mayoría de sus miembros no habían recibido esta experiencia. El domingo anterior el pastor y toda la congregación había orado con esta mujer, pero ella no había sentido el poder de Dios. Cuando ella visitó nuestra iglesia, sentí dirigirme a orar con ella personalmente. Más tarde ella le dijo a la persona que le había invitado, "El oró exactamente de acuerdo a mis necesidades, y Dios me tocó. Yo sé que Dios dirigió sus oraciones."

Mientras estuve predicando en Austin un domingo en la mañana, en medio de mi mensaje sentí decir, "Si hay alguien aquí hoy que no sabe si existe Dios o no, a usted Dios se revelará, si usted pide que lo haga". No sabía, pero una persona que nos visitó por primera vez entró tarde, justo antes de que yo hiciera aquella declaración. Después del culto ella me dijo, "Fui criada en una denominación tradicional, y yo sé usar todo el lenguaje religioso correcto. Nadie más, ni mi propia familia tiene alguna idea de lo que le voy a decir, pero yo no sé si Dios existe o no. ¿Cree Usted que Él sí se revelará a mí?" Le contesté que Él ya había comenzado a hacerlo, porque le había hablado por medio de mi mensaje. Más tarde ella tuvo un encuentro personal con Dios, fue bautizada en el nombre de Jesús y llenada del Espíritu Santo.

DISCERNIMIENTO DE ESPÍRITUS

I Corintios 12:10 enumera el don de "discernimiento de espíritus." Como los otros dos dones del que ya se ha hablado, incluye una revelación de Dios pero no una revelación de toda la mente de Dios. No es un don general de discernimiento pero es específicamente un discernimiento de espíritus.

La palabra "discernimiento" significa "claridad de perspicacia y juicio." Se refiere a la habilidad de hacer una distinción o determinación correcta, tal como distinguir

LOS DONES ESPIRITUALES

la verdad del error. Entonces, el discernimiento de espíritus incluye perspicacia clara y un juicio claro con relación a los espíritus.

Hay tres posibles fuentes de una actividad espiritual: Dios y Sus ángeles, el diablo y sus demonios, o el espíritu humano. Por medio del discernimiento de espíritus podemos comprender cual de ellos ha motivado una cierta acción. Este don también puede proveer la información acerca del tipo de espíritu que motiva ciertas acciones, tales como un espíritu de lujuria, envidia, o codicia. Este conocimiento puede ser muy valioso en tratar con ciertas situaciones o responder a ellas. En resumen, el discernimiento de espíritus es *el don sobrenatural de poder percibir las motivaciones espirituales para una acción o qué tipo de espíritu esta obrando.*

Encontramos un notable ejemplo de este don en el ministerio de Pablo en la ciudad de Filipos. "Aconteció que mientras íbamos a la oración, nos salió al encuentro una muchacha que tenía espíritu de adivinación, la cual daba gran ganancia a sus amos, adivinando. Ésta, siguiendo a Pablo y a nosotros, daba voces, diciendo: Estos hombres son siervos del Dios Altísimo, quienes os anuncian el camino de salvación. Y esto lo hacía por muchos días; mas desagradando a Pablo, éste se volvió y dijo al espíritu: Te mando en el nombre de Jesucristo, que salgas de ella. Y salió en aquella misma hora" (Hechos 16:16-18).

Pablo discernió que esta muchacha era endemoniada. Si no hubiera percibido la verdad acerca de ella, quizás habría aceptado sus halagos. Pero si los hubiera aceptado, habría asociado el mensaje del evangelio con la

Sabiduría, Ciencia, y Discernimiento

actividad demoníaca y habría sido desacreditado en los ojos del pueblo.

En el primer viaje misionero de Bernabé y Pablo, se encontraron con un falso profeta llamado Elimas en la ciudad de Pafos en la isla de Chipre. Cuando ellos le testificaron al procónsul romano, Elimas trató de despistar al hombre de la verdad. Pero "Entonces Saulo, que también es Pablo, lleno del Espíritu Santo, fijando en él los ojos, dijo: ¡Oh, lleno de todo engaño y de toda maldad, hijo del diablo, enemigo de toda justicia! ¿No cesarás de trastornar los caminos rectos del Señor? Ahora, pues, he aquí la mano del Señor está contra ti, y serás ciego, y no verás el sol por algún tiempo. E inmediatamente cayeron sobre él oscuridad y tinieblas; y andando alrededor, buscaba quien le condujese de la mano" (Hechos 13:9-11). Por medio del discernimiento de espíritus Pablo percibió el intento maligno y la obra de este falso profeta, y por medio de la palabra de ciencia él sabía que pronto el juicio de Dios caería sobre él. Como resultado de estos dones del Espíritu, el procónsul llegó a ser creyente.

Es importante saber cuando un espíritu maligno está trabando, pero es un error atribuir cada pecado o acción mala a la obra directa de un espíritu maligno. Aunque el diablo nos tienta a pecar y se aprovecha plenamente de las decisiones y acciones incorrectas, el pecado humano es principalmente el resultado de la naturaleza humana pecaminosa, de las lujurias humanas, y de las decisiones humanas. (Véase Romanos 3:9-12; Santiago 1:14-15.) Muchos problemas o errores no vienen directamente del diablo sino del espíritu humano.

Por ejemplo, supongamos que una persona trata de

LOS DONES ESPIRITUALES

hablar a la iglesia en lenguas, interpretación, o profecía, pero el líder del culto se da cuenta que las palabras no son de Dios. Si son inspiradas por un espíritu maligno, Él debe tomar el control absoluto sobre el culto y debe reprender al espíritu maligno. Por otro lado, puede ser que las palabras vienen del celo humano de un cristiano sincero pero mal encaminado. En tal caso, sería mejor hacer una transición suave a la adoración o a la oración e instruir al cristiano mal encaminado. Si el líder actúa demasiado bruscamente, puede herir innecesariamente a la persona sincera, o a otros en el culto. El discernimiento de espíritus es valioso en tales casos.

En Jackson, Mississippi, un varón se acercó al altar para orar y pronto comenzó a brincar, patear, y moverse como una culebra, como si fuera endemoniado. Varios hermanos comenzaron a orar con él, a restringirle, y a reprender al diablo. Nada parecía ayudar. Por fin, el pastor se le acercó y habló en susurros en su oído. Inmediatamente el hombre cesó su comportamiento tumultuoso y salió de la iglesia. El pastor no le reprendió fuertemente en el nombre de Jesús sino simplemente le dijo, "Si tú no dejas de actuar así voy a llamar a la policía." Él percibió que el hombre estaba tratando de crear un alboroto que traería la atención indebida hacia él. Aquella manifestación no era demoníaca sino era carnal y tenía que ser tratada apropiadamente.

En una iglesia en Houston, Texas, una mujer se paró de repente y comenzó a hablar en lenguas en medio de un culto que yo asistí. El pastor discernió que ella fue motivada por un espíritu maligno. Él inmediatamente dijo, "Siéntate. Eso no es de Dios," entonces continúo con el culto como si nada hubiera sucedido. La congregación reconoció que su acción era correcta, y el culto progresó en una manera positiva. Si el pastor hubiera permitido que la mujer siguiera hablando, o si hubiera permitido que el demonio le distrajera, por medio de una confrontación prolongada con la mujer, el culto habría sufrido, y el propósito de Dios no se habría logrado.

Cuando mis padres estaban sirviendo como misioneros en la ciudad de Hammond, Louisiana, al terminar un culto mi madre estuvo orando con unos inconversos en el altar mientras mi padre saludaba a los visitantes. Una mujer comenzó a hablar fuertemente en lenguas y se acercó al altar. Simultáneamente, mis padres discernieron que ella estaba hablando motivada por un espíritu maligno. Sin ninguna otra señal, ellos se acercaron a ella para impedir que ella hiciera más manifestaciones. Más tarde, aprendieron que ella estaba viviendo una vida muy pecaminosa y estaba trayendo reproche sobre el don verdadero del Espíritu Santo por sus manifestaciones engañosas. Un incidente similar ocurrió en una campaña en Corea.

Durante mi último año de estudios en Corea, acompañado por unos compañeros de clase, estuve cruzando un cerro. Al pasar por un templo budista ubicado en el cerro, nos encontramos con un varón y una mujer anciana, quienes acababan de salir del templo. El hombre estaba golpeando a la mujer, pero al acercarnos dejó de golpearla y ella escapó. Puesto que algunas muchachas de mi clase todavía no habían llegado, yo decidí esperarlas en caso de que el hombre intentara hostigarlas. Mientras miraba al hombre de cierta distancia, yo sentí que él tuvo

LOS DONES ESPIRITUALES

un espíritu maligno, y pensé que quizás él me atacaría. Le miré directamente y en voz baja comencé a decir en idioma inglés, "¡Te reprendo en el nombre de Jesús!" Aunque probablemente él no me podía oír y probablemente no podía hablar el idioma inglés, de repente me hablo en inglés, "¡Aborrezco tus ojos, aborrezco tus ojos!" Sin embargo, él mantuvo su distancia y todos mis compañeros pasaron tranquilamente. Yo creo que el Espíritu de Dios en mí le contuvo, y él se dio cuenta.

Una mujer en nuestra iglesia en Austin sufría de una depresión crónica, la cual socavaba su fe en Dios. Por medio de un largo proceso logramos convencerla de que Dios la amaba y que podía ser llena del Espíritu Santo, y después de un año ella sí recibió el Espíritu Santo. Sin embargo, más tarde ella volvió a su estado depresivo. Ella pensaba que nunca había recibido el Espíritu Santo, y aún pensaba que nunca había sentido la presencia de Dios, aunque en varias ocasiones ella había experimentado unas manifestaciones físicas dramáticas de temblar y caer postrada bajo el poder de Dios. Dejó de asistir a los cultos, pero la convencí para que asistiera a la última parte de una serie de cultos especiales. En el culto, el evangelista le llamó, diciendo que estaba siendo asediada por un espíritu de depresión, y él oró por su libertad. Esa noche ella reclamó la victoria y en una manera totalmente no característica comenzó a correr por los pasillos alabando a Dios en una forma ecstática. Desde ese momento ella ha sido fiel en su asistencia, gozosa en su adoración, y determinada de mantener su victoria.

En un culto en una cárcel, dos obreros de nuestra iglesia en Austin, oraron por un prisionero quien comenzó a buscar a Dios. Independientemente, cada hermano discernió que ese hombre estuvo luchando con un espíritu de homosexualidad. Después de un rato él le dijo a uno de los hermanos que necesitaba ser liberado, pero no dijo cual era su problema. Entonces, uno de los obreros le preguntó, si necesitaba ser librado de la homosexualidad, y el respondió que sí. Cuando ellos oraron, una transformación visible vino sobre su rostro, y él comenzó a hablar en lenguas según el Espíritu le daba que hablara. Más tarde él testificó que Dios lo había librado de los deseos homosexuales.

RESUMEN

Como todos los dones sobrenaturales, los dones de revelación son potencialmente disponibles a cada creyente lleno del Espíritu Santo. En momentos de decisión, necesidad urgente, o crisis, cada uno de nosotros debe clamar al Señor para que nos concediese los dones sobrenaturales de sabiduría, ciencia, o discernimiento de espíritus según sea la necesidad.

Por su propia naturaleza esperaríamos que estos dones fuesen los más valiosos para los que ocupan el liderazgo espiritual. A menudo Dios le concederá a un pastor dirección sobrenatural para una decisión difícil, ciencia sobrenatural en relación a un problema oculto en la iglesia, o discernimiento en relación a un espíritu que se opone a su ministerio.

Los tres dones de los cuales hemos hablado están relacionados íntimamente. Una persona puede interpretar una cierta operación como la manifestación de uno de los dones mientras otra persona quizás considere que fue la

LOS DONES ESPIRITUALES

operación de otro don. No importa nuestra clasificación precisa, todos podemos reconocer aquella operación como la obra del Espíritu Santo.

Como se habló en el capítulo 2, los dones de revelación son sobrenaturales, pero ellos tienen su igual en la vida diaria natural y espiritual. Todos, aun los inconversos, pueden gozarse de sabiduría, ciencia, y discernimiento terrenales. Además, cada cristiano puede y debe lograr obtener sabiduría, ciencia y discernimiento. Sin embargo, además de estos dos niveles, hay los dones sobrenaturales de la palabra de sabiduría, la palabra de ciencia, y discernimiento de espíritus; estos son los dones que operan en tiempos de necesidad espiritual. Para poder funcionar como Dios quiere y para frustrar las estratagemas de Satanás, la iglesia necesita la operación de estos dones hoy en día.

Preguntas de discusión:

Los Dones de Revelación

Capítulo 7

1. Describa una ocasión donde necesitó revelación o dirección de parte de Dios. ¿Cómo le reveló Dios esta información?

2. ¿En que maneras nos imparte Dios revelación?

3. Discutan la diferencia entre una palabra de sabiduría y una palabra de entendimiento.

4. ¿Cómo discernimos entre la dirección de parte de Dios y nuestro espíritu humano?

5. ¿Cómo podemos aplicar esta información acerca de los dones de revelación a nuestras vidas cuando estamos en tiempos de decisión o crisis?

CAPÍTULO OCHO

FE Y MILAGROS

Hablaremos ahora de los dones de poder—fe, dones de sanidad, y el hacer milagros (I Corintios 12:9-10). Usamos esta descripción porque estos dones incluyen las obras que vienen por el poder de Dios.

A menudo estos dones obran conjuntamente. Por ejemplo el don de fe puede guiar al hacer un milagro.

FE

La fe significa confianza, aceptación sin ninguna prueba tangible, compromiso, y dependencia en Dios. Cada hijo de Dios posee una fe salvadora y vive diariamente por fe (Romanos 1:16-17). Además, cada cristiano debe manifestar fe, o la fidelidad, como fruto del Espíritu (Gálatas 5:22). Pero, I Corintios 12 describe a un don sobrenatural de fe que trasciende la fe que se requiere para la salvación y para la vida cristiana. Aunque todos pueden y deben ejercer fe en Dios en una manera conti-

LOS DONES ESPIRITUALES

nua, el don de fe es una medida extraordinaria de fe para un individuo en una situación especial. Entonces, el don de fe es la capacidad sobrenatural de confiar en Dios, o que nuestra confianza sea inspirada en Dios, para una necesidad o circunstancia particular. A menudo viene en respuesta a una prueba o una crisis que abrumaría a alguien, pero Dios les concede una fe especial para vencer a pesar de las circunstancias. Puede ser una situación en la cual aparentemente no hay escape, pero Dios da la fe para quitar del camino una montaña.

Según el capítulo 27 de Hechos, cuando Pablo sufrió el naufragio, los marineros perdieron toda esperanza de vida. Pero un ángel se le apareció a Pablo y le aseguró que Dios le libraría a él y a los que viajaban con él. En Hechos 27:25 Pablo les habló con confianza: "Por tanto, oh varones, tened buen ánimo; porque yo confío en Dios que será así como se me ha dicho". Aunque no existía ninguna razón humana para tener esperanza, Dios le dio a Pablo la capacidad de creer recibir la protección y la liberación en aquella situación imposible, no solo para él mismo sino también para los inconversos abordo.

En una situación así, un hijo de Dios, quien está lleno del Espíritu Santo, podría sin embargo pensar que sucedería un desastre. Una persona podría tener una confianza total en Dios y todavía pensar que el fin de su vida habría llegado. De hecho, este pensamiento bajo aquellas circunstancias sería lo único lógico. En otras palabras, la fe para salvación y la vida cristiana no resulta automáticamente en la fe para una liberación milagrosa.

El don de fe puede operarse aun cuando no se espera una liberación milagrosa. Esteban estaba "lleno de fe y

Fe y Milagros

del Espíritu Santo," (Hechos 6:5), y el exhibió una fe increíble cuando le apedrearon, una fe más allá de la capacidad ordinaria de los seres humanos. Capacitado por el Espíritu Santo, en vez de mostrar temor, ira, amargura, o sufrimiento, se enfrentó con el martirio valientemente y con un espíritu de perdón como el de Cristo. "Pero Esteban, lleno del Espíritu Santo, puestos los ojos en el cielo, vio la gloria de Dios, y a Jesús que estaba a la diestra de Dios, . . . Y puesto de rodillas, clamó a gran voz: Señor, no les tomes en cuenta este pecado. Y habiendo dicho esto, durmió" (Hechos 7:55, 60).

En el año 1978 un primo mío quien era predicador a la edad de 24 años murió en un trágico accidente en el estado de Alabama. Un predicador quien era amigo de él le mató por error de un disparo mientras que estuvieron cazando juntos. Mi tío, el padre del occiso, cinco años antes había perdido a su esposa de cuarenta y tantos años. El amigo quién había matado accidentalmente a mi primo vino a la capilla de la funeraria donde estaba siendo velado, pero comprensivamente apenado de encontrarse con la familia.

Cuando mi tío escuchó que el joven estaba allí, él insistía de encontrarse con él. Auque mi tío estuvo profundamente adolorido, él ministraba al joven diciéndole en esencia, "No te tortures con un sentimiento de culpabilidad. Satanás quisiera usar este evento para destruir tu ministerio, pero tu debes seguir adelante, haciendo la obra para la cual Dios te ha llamado, y ayudar a cumplir la obra no terminada de mi hijo. Dios podría haber evitado milagrosamente este accidente, pero no lo hizo, y tenemos que aceptar lo sucedido. Yo te perdono por tu error. Ahora tenemos que poner todo en las manos de Dios". Entonces oraron juntos llorando y hablando en lenguas. Ciertamente fue el don de fe que le dio a mi tío la capacidad de actuar en una manera tan semejante a la de Cristo bajo las circunstancias más negras.

En el año 1980, la iglesia en Corea tenía una necesidad de obtener facilidades para un Instituto Bíblico. Mis padres obtuvieron un permiso especial de la junta de misiones foráneas para viajar a Norteamérica con el fin de levantar los fondos necesarios aunque el tiempo para su gira normal todavía no había llegado. Después de viajar a través de Norteamérica por tres meses ellos aun no lograban recaudar fondos. Una noche asistieron al campamento anual en el Estado de Louisiana y se sentaron en la parte de atrás del edificio. En medio de su mensaje, el predicador de esa noche sintió detenerse para hacer una suplica especial a favor de la necesidad de ellos. El sacó de su bolsillo un cheque por el valor de una camioneta que había vendido ese mismo día y lo donó al proyecto del Instituto Bíblico.

Un espíritu de sacrificio inundó a la congregación, y la gente comenzó a traer sus ofrendas de sacrificio, incluyendo efectivo, grabadoras, relojes, anillos, y abrigos. En menos de diez minutos la congregación había donado cincuenta y cinco mil dólares, suficiente para cubrir la necesidad. Esta ofrenda sobrepasó la generosidad humana; fue divinamente programada. Un espíritu de fe extraordinaria comenzó con el predicador e inundó a la congregación mientras ellos fueron más allá de sí mismos y permitieron que Dios obrase por medio de ellos para lograr Su propósito.

Cuando yo era profesor y administrador en el Colegio

Fe y Milagros

para Ministros en Jackson, contratamos a un ministro bautista independiente quien recientemente se había bautizado en el nombre del Señor Jesucristo y había recibido el don del Espíritu Santo. Un afro-americano, tenía muchos contactos entre la comunidad religiosa de gente de color y sintió una carga fuerte de ver que sus amigos y asociados recibieran el mismo mensaje y experiencia que había transformado su vida. En el año 1985 él y yo diseñamos un plan para alcanzarlos. Puesto que él conocía a muchos ministros que querían preparación teológica pero no tenían una oportunidad de obtenerla, les ofrecimos una clase nocturna llamada "la teología de los hechos." Como 20 predicadores y diáconos se inscribieron. Aparte de nosotros dos que habíamos organizado la clase, varios otros ya habían sido bautizados con el Espíritu Santo, pero la mayoría no.

Comenzando con los Hechos 1, enseñé acerca del arrepentimiento, el bautismo en agua en el nombre de Jesús, el bautismo del Espíritu Santo, el hablar en lenguas, etc. Al concluir la cuarta lección, sentí que era el momento preciso para que Dios se moviera en una manera especial. Reconocí las experiencias con Dios que mis alumnos ya habían tenido, y les animé a esforzarse en recibir todo lo que Dios tenía para ellos. Les explique que la única manera de hacerlo era, no por confiar en los logros pasados sino por acercarse a Dios humildemente, arrepentidos y rendidos. Les dije que todos los que querían la plenitud del Espíritu y que querían un ministerio apostólico, deberían pararse y pasar adelante. Entonces les dije que deberían confesar todos sus pecados a Dios y que deberían rendirse completamente. Después de esto, deberían comenzar a alabar a Dios y a agradecerle por su promesa. Su alabanza sería la señal de que estaban listos para recibir el Espíritu Santo, y yo les impondría mis manos de acuerdo con el ejemplo en el libro de los Hechos. En ese momento, debían creer que Dios les daría el bautismo del Espíritu Santo.

Mientras seguimos ese sencillo plan, la fe comenzó a crecer y el poder de Dios cayó. Nadie les dijo a los alumnos que tenían que buscar por horas, días, semanas, o meses, o que tenían que buscar a Dios muchas veces antes de que viniese el Espíritu Santo. Solo sabían lo que les había enseñado en la Biblia. Todos comenzamos a orar, y en más o menos 15 minutos cinco predicadores y diáconos recibieron el Espíritu Santo con la señal inicial de hablar en lenguas. Una fe trascendente saturó el salón de clase, obrando por medio de los miembros que ya habían recibido el Espíritu Santo, e inspirando a otros a recibir su propia experiencia Pentecostal.

EL HACER MILAGROS

Un milagro es "un acontecimiento que las leyes de la naturaleza no pueden explicar pero que se acepta ser sobrenatural en origen o un acto de Dios." Es un suceso extraordinario e inusual que suspende o trasciende las leyes de la naturaleza como las conocemos. Incluye la intervención directa de Dios. Por supuesto para Dios todas las cosas son posibles, y lo que nos es un milagro a nosotros, es un procedimiento normal para Él. Dios es el Creador, y como tal Él puede obrar en maneras que son imposibles para nosotros.

Fe y Milagros

En un sentido común, todas las respuestas a la oración, todos los dones espirituales, y todas las sanidades divinas son milagrosas. (Véase, por ejemplo, Hechos 19:11-12.) Sin embargo, I Corintios 12 identifica "el hacer milagros" como un don especifico diferente de los demás, incluyendo los dones de la sanidad. La palabra "hacer" (griego, *energema*) indica una operación específica de Dios, y puesto que el "hacer milagros" es un don "a" alguien, indica una operación a través, con, o por medio de, un miembro del cuerpo de Cristo. Dios puede hacer milagros en las vidas de los inconversos. Pero el don del hacer milagros denota la acción de Dios por medio de Su iglesia. En pocas palabras, el hacer milagros es *la intervención sobrenatural de Dios que trasciende las leyes de la naturaleza en una situación y que opera por medio de o con una vasija humana.*

La iglesia neotestamentaria experimentó el hacer milagros en numerosas ocasiones. El Espíritu transportó a Felipe del desierto de Gasa a Azoto (Hechos 8:39-40). Un ángel le libró milagrosamente a Pedro de la prisión mientras la iglesia oraba por él (Hechos 12:5-11). Los demonios fueron echados fuera de gente endemoniada (Hechos 8:6-7; 19:11-12). Un joven llamado Eutico se durmió durante un sermón largo de Pablo, y se cayó de una ventana del tercer piso, rompiendo su cuello, y murió, pero después de que Pablo le ministró personalmente, resucitó de los muertos (Hechos 20:9-12). Más que la sanidad de una enfermedad o incapacidad, este evento fue un milagro de resurrección y restauración a la vida natural. En igual manera, Dios resucitó a Tabita (Dorcas) de los muertos por medio de las oraciones de

LOS DONES ESPIRITUALES

Pedro (Hechos 9:36-42). Pablo al ser mordido por una víbora venenosa fue protegido milagrosamente del peligro (Hechos 28:3-6).

Algunos milagros son evidentes solamente a los que creen, mientras los incrédulos ofrecerán una explicación natural o acreditarán el suceso a la suerte o una coincidencia. Sin embargo, otros milagros desafían todas las explicaciones racionales.

Por definición, los milagros son extraordinarios y excepcionales. Tal como con todos los dones espirituales, debemos esperar el hacer de milagros pero no debemos pensar que podemos hacer milagros para todos los actos de nuestras vidas. Por ejemplo, a pesar del milagro de Felipe, los apóstoles no dependían del Espíritu como su medio normal de transporte. La mayoría de los cristianos del primer siglo quienes fueron arrestados no fueron librados milagrosamente de la prisión, y la mayoría que murió no fue resucitada.

Hoy en día algunas personas esperan que Dios supla todas sus necesidades, pero Él tiene un plan más natural al hombre para la vida diaria, lo que incluye trabajo arduo, buena mayordomía, y dando de los diezmos y ofrendas. El principio general es "Porque también cuando estábamos con vosotros, os ordenábamos esto: Si alguno no quiere trabajar, tampoco coma" (II Tesalonicenses 3:10). Algunos envidian las posesiones de otros pero no reconocen que aunque Dios es el que ha bendecido a los dueños, en muchos casos estas posesiones son el resultado de muchos años de trabajo arduo, disciplina, de economizar, ahorrar, y planear.

Debemos confiar en Dios que El suplirá nuestras

Fe y Milagros

necesidades, esperando respuestas a nuestras oraciones y el obrar de milagros, pero no debemos descuidar nuestra responsabilidad diaria de actuar prudentemente de acuerdo con las leyes de la naturaleza, la sociedad, y la economía. No demostramos la fe por medio de falta de acción, sino por obras—por hacer todo lo que podemos y todo lo que sabemos hacer.

Los milagros en la iglesia primitiva no solo suplieron las necesidades genuinas, pero eran particularmente eficaces en esparcir el evangelio. (Véase Hechos 9:42.) Dios siempre concede milagros hoy en día como una manera eficaz de extender la verdad y fortalecer a la iglesia.

Cuando comencé a trabajar en el Colegio para Ministros en Jackson en el año de 1981, el Instituto recién había experimentado un cambio dramático de administración y estaba en una crisis espiritual y financiera. En el transcurso de los próximos cuatro años, Dios nos ayudó a incrementar de una inscripción baja de 163 a un record de 292. Sin embargo, hablando humanamente, en los primero ciclos, el futuro del Instituto estaba en duda. De hecho, en cierto momento el presidente entró en negociaciones secretas para vender la institución a otro grupo. A través de este período, mucha gente oraba fervientemente para que Dios supliera las necesidades.

Justo antes de que el presidente se entrevistara con los compradores potenciales, un varón metodista que vivía en un barrio cercano entró en mi oficina. El quiso dar diezmos de un ingreso grande proveniente de un proyecto mayor de construcción. Se había mudado a una nueva casa en otro sitio pero no podía vender su casa antigua, entonces decidió donar la casa como medio de dar su diezmo. Su iglesia no necesitaba casa pastoral, y mientras estuvo manejando por la calle vio nuestro Instituto y decidió que quizás tendríamos una necesidad semejante. Después de una conversación preliminar, ofreció donar su casa a nuestro Instituto.

Me puse en contacto con nuestro vicepresidente para arreglar una cita con el dueño de la casa con la intención de ver la propiedad. En rumbo, el dueño preguntó casualmente nuestra afiliación denominacional. El vicepresidente le dijo que éramos Pentecostales, pero en un intento de establecer algo en común, explicó que éramos muy parecidos a los metodistas antiguos. Aunque el hombre dijo que era metodista moderno no canceló su oferta. En el momento de efectuar la transferencia de la propiedad, su esposa dijo, mientras firmaba los documentos juntamente con él, que ella no sabía lo que motivó a su esposo a donar la casa a nosotros.

Desde nuestra perspectiva, su donación era un milagro de Dios en respuesta a mucha oración. Después de vender la casa y pagar su deuda, el Instituto obtuvo una ganancia de sesenta mil dólares. Aquella donación no solo cubrió la necesidad financiera inmediata, sino también proveyó ánimo decisivo y confirmación en un momento crucial.

En el año 1988 nuestro misionero a Europa Oriental me pidió que le acompañara a Bulgaria, que en ese entonces era un país estrictamente comunista, para conducir las primeras reuniones patrocinadas por la iglesia Pentecostal Unida Internacional. Recientemente había hecho contacto con un grupo grande de creyentes que celebraban cultos clandestinamente y quienes

Fe y Milagros

habían recibido el Espíritu Santo y estaban interesados en nuestro mensaje. Viajamos en auto de Austria a través de Yugoslavia y llevamos un manuscrito de mi libro *La Unicidad de Dios* traducido en el idioma búlgaro. Lo pusimos en la parte de atrás del auto debajo de un paquete, esperando que los guardias fronterizos pensaran que éramos turistas y no revisarían el auto minuciosamente. Supimos que una revisión minuciosa sin duda descubriría el manuscrito, así que lo más que lo escondiésemos, sería más incriminativo. Si ellos determinaran que habíamos intentado introducirlo como contrabando, las consecuencias para nosotros serían severas.

Al llegar a la frontera el capitán de la guardia señalo a nuestro carro para una revisión especial. Tuvimos que entrar en un garaje donde un guardia revisó el auto desde la parte posterior a la parte delantera, debajo de la capota, y debajo del chasis. Me preguntó detalladamente acerca de una copia de la revista *National Geographic* que yo había llevado para lectura personal. El estuvo tan preocupado sobre esta revista tan inofensiva que yo temía su reacción al descubrir el manuscrito netamente religioso que llevábamos. Oré en forma silenciosa en mi mente y como señal de confianza sonreí ampliamente. Mientras el guardia continuaba con su revisión, él descubrió el manuscrito y su mano pasó por encima de él. Estuvo totalmente descubierto, con el título búlgaro claramente legible, pero él ni lo vio. Después de más de una hora de revisión, finalmente el guardia nos despidió. Sabíamos que Dios nos había protegido milagrosamente.

Mi esposa y yo y nuestros dos hijos viajábamos en nuestro vehículo de Austin a San Luis después de la

LOS DONES ESPIRITUALES

Navidad en Diciembre de 1990. En Oklahoma encontramos hielo en la pista interestatal y bajé la velocidad. Trágicamente, un camión que estuvo detrás de nosotros nos pasó a alta velocidad y de repente viró abruptamente delante de nosotros para evitar el impacto con un camión remolque que acababa de perder el control. No frené hasta el último momento.

Tan pronto como frené, perdí control de mi vehículo y supe que sería inminente un accidente. Mi esposa exclamó "¡Jesús!" En ese momento, el camión delante de nosotros salió de la pista y se detuvo sin causar ningún daño. Continuamos nuestro viaje alabando a Dios por Su protección. Habíamos estado muy cerca de un gran accidente.

Mientras tanto, mi suegra en Austin había oído acerca de las condiciones climáticas por donde estuvimos viajando y estuvo muy perturbada. Oró sintiendo una carga pesada hasta que Dios le dio una visión de nuestro vehículo protegido por un ángel. Su visión en sí misma era un milagro y nos confirmó de que Dios había hecho un milagro de protección en medio de nuestra necesidad.

En el mes de Octubre de 1995, en una reunión en nuestra Iglesia en Austin, en un momento crítico Dios nos habló por medio de lenguas e interpretación y nos prometió que pronto veríamos un milagro. Cinco días después en un culto misionero, el abuelo de mi esposo se dobló hacia delante en su asiento y perdió el conocimiento. Dejó de respirar, se puso pálido, y no tuvo pulso. Su cuerpo estaba sin fuerza, su mandíbula caída, la mirada perdida, y su piel estaba fría y sudorosa. Nos juntamos alrededor de él y comenzamos a clamar en el nombre de Jesús.

En el principio no hubo reacción, pero mientras continuábamos orando, él tosió y comenzó a respirar otra vez. Cuando llegó el personal medico de emergencia. Él estaba conciente y bromeando, su color y todos sus signos vitales eran normales.

Después de unos exámenes rigurosos en el hospital, los médicos no hallaron indicaciones de derrame cerebral, infarto, ni ninguna otra condición que fuese riesgosa para su vida, pero sí descubrieron que su arteria carótida estuvo obstruida en un 99% y entonces ellos realizaron una operación de emergencia. Mientras que estaba en el hospital, sufrió un ligero derrame, del cual se recuperó casi totalmente.

Puesto que nunca pudieron hallar ningún daño, los médicos concluyeron que lo sucedido en la iglesia fue un simple desmayo. Sin embargo, los que estuvimos presente estuvimos convencidos que llegó a morir, debido probablemente a un derrame masivo, pero el Señor intervino milagrosamente, revirtió los efectos del derrame, y le levantó de los muertos.

CAPÍTULO NUEVE

SANIDAD

Además de fe y el hacer milagros, los dones de poder incluyen "dones de sanidad" (RVR 1960), o "dones de, sanidades" (RVR 1995) (I Corintios 12:9). "Sanar" significa "restituir al enfermo la salud; curar; . . . rectificar; reparar."

En el sentido más amplio, la sanidad puede referirse a una restauración física, mental, o espiritual. En la experiencia de la conversión, todos los cristianos reciben la sanidad espiritual, incluyendo el perdón de pecados, reconciliación con Dios, y renovación espiritual. Mientras crecen en gracia, comienzan a desarrollar atributos positivos emocionales y espirituales, tales como amor, paz, gozo, dominio propio, lo que la Biblia llama el fruto del Espíritu (Gálatas 5:22-23).

Sin embargo, I Corintios 12 habla de instancias específicas cuando los dones de la sanidad se dan a ciertos individuos pero no a todos. La referencia se hace a la sanidad de condiciones mentales y físicas más allá de la

LOS DONES ESPIRITUALES

restauración espiritual y emocional que todos los cristianos pueden y deben recibir como parte de su nueva vida en Cristo. Los ejemplos de sanidad en los Evangelios y los Hechos corresponden a este significado.

Este don es el único enumerado en forma plural; actualmente hay muchos dones de sanidad. La forma plural indica que hay varias clases de sanidades—condiciones diferentes de que las personas son sanadas y maneras diferentes en que ocurre la sanidad. Con estos puntos en mente, podemos definir los dones de sanidad como *varias formas de curación o restauración sobrenatural de enfermedades, heridas, y otras deshabilitaciones.*

Hay numerosos relatos de sanidades en la iglesia primitiva, incluyendo la de un hombre paralítico en el templo, multitudes en Jerusalén, mucha gente paralizada y coja en Samaria, Saulo de Tarso, quien fue sanado de ceguera, y un hombre paralítico, llamado Eneas (Hechos 3:1-8; 5:14-16; 8:7; 9:17-18, 32-34).

Muchas sanidades milagrosas han ocurrido en la vida y ministerio de mis padres. En el año 1963, mientras mi familia se preparaba para ir a Corea, tuvimos un serio accidente automovilístico que nos ocasionó muchas heridas. Ambos brazos de mi padre fueron rotos, y el nervio en su brazo derecho fue cortado, y el médico le dijo que nunca lo podría usar otra vez. Sin embargo, para el asombro del médico, una noche en un culto Dios lo sanó, restaurándolo a su habilidad total.

En Mokpu, Corea, mi padre oró por un varón y él fue sanado instantáneamente de parálisis al brazo y al hombro. En Seúl, Corea, una mujer fue librada de voces que constantemente le hablaban palabras violentas y maldiciones en su mente, y una niña de doce años fue sanada de un impedimento severo de oír. Yo estuve en cada uno de estos cultos y vi a las personas sanadas. Una mujer minusválida vino a una cruzada en el centro de Seúl en una silla de ruedas y fue sanada. Yo vi mientras ella caminaba gozosamente por el estrado del auditorio alquilado. Otras sanidades notables e instantáneas en Corea eran las de un hombre con un oído sordo, una señorita con tuberculosis quien había perdido el uso de un pulmón y la mayor parte del otro, y una mujer en las etapas finales de cáncer al seno.

En el año 1984, en Poplarville, Mississippi, un domingo en la noche yo prediqué acerca del poder del nombre de Jesús. Una mujer visitante en una silla de ruedas pasó adelante para oración. Ella había sufrido un derrame, y su médico dijo que jamás volvería a caminar. Mientras oramos por ella, con un poco de ayuda, se levantó lentamente de su silla de ruedas y dio unos pasos titubeantes. Ella estaba muy gozosa, pero esto fue solamente el comienzo. Cada día iba sanando más y más, hasta que eventualmente pudo caminar normalmente. El médico le dijo a su pastor, "Ella es un milagro."

En el año 1987, mientras estuve predicando en Cseteny, Hungría, alguien trajo al culto a una joven que había estado minusválida mentalmente desde nacimiento. Mientras oramos por ella, sentimos el poder de Dios, pero no hubo ningún cambio visible en su condición. Sin embargo, desde aquél día en adelante, ella comenzó a mejorar. Cuando regrese allí en el año de 1988, había mejorado tanto que sus familiares, quienes habían sido inconversos, dijeron que era un milagro y se convirtieron al cristianismo.

LOS DONES ESPIRITUALES

En una campaña de fin de semana en un Seminario en Petrovac, Yugoslavia, en el año 1988, oramos por una mujer hospitalizada. Ella se recobró milagrosamente, vino al culto, y recibió el Espíritu Santo en el momento en que le impusimos las manos. En un culto de oración en nuestra iglesia en Austin, Texas, en el mes de octubre de 1995, Dios nos habló por medio de lenguas e interpretación y prometió sanidad. Aquella noche, mi suegra aceptó esa promesa como para ella y fue sanada instantáneamente de una herida en su columna vertebral que había sufrido en un accidente automovilístico hacía dos años atrás.

Un misionero a Asia se enfermó con una forma de hepatitis que era incurable y fatal, y tuvo que regresar a Norteamérica. Sus médicos le dijeron que nunca jamás podría viajar o vivir en Asia otra vez. Sobre un período de varios meses, mientras asistía a nuestra iglesia, nosotros al igual que otros orábamos por su sanidad. Milagrosamente, comenzó a mejorar. Recuperó su sanidad completa, y unos meses después recibió confirmación de sus médicos que podría reasumir su obra misionera.

En el año de 1997 una mujer quien sufría de depresión severa asistía a nuestra iglesia en Austin. Ella estuvo seriamente pensando en suicidarse y había tomado algunos pasos para llevar a cabo su plan. Dios le llenó con el Espíritu Santo, le sanó de la depresión y le libró del pensamiento de suicidarse.

SANIDAD EN LA EXPIACIÓN

Los dones de sanidad son más prominentes en las Escrituras que muchos de los otros dones, probablemente por varias razones: son más visibles, ministran más directamente a las necesidades humanas urgentes, y son particularmente eficaces en el evangelismo. Son más íntimamente asociados con el plan de salvación de Dios, el cual Él diseñó para anular todas las consecuencias del pecado. Él nos creó como seres tanto físicos como espirituales, y Su último propósito es el de redimirnos física y espiritualmente.

De hecho, la Biblia declara que Jesucristo hizo efectiva nuestra sanidad como parte de la expiación: "Ciertamente llevó él nuestras enfermedades, y sufrió nuestros dolores; y nosotros le tuvimos por azotado, por herido de Dios y abatido. Mas él herido fue por nuestras rebeliones, molido por nuestros pecados; el castigo de nuestra paz fue sobre él, y por su llaga fuimos nosotros curados" (Isaías 53:4-5).

Mucha gente argumenta que aquella santidad es exclusivamente espiritual, pero la salvación de Dios es para el ser humano en su totalidad. Mateo 8:16-17 explica que la sanidad física es un cumplimiento de Isaías 53:5: "Y cuando llegó la noche, trajeron a él muchos endemoniados; y con la palabra echó fuera a los demonios, y sanó a todos los enfermos; para que se cumpliese lo dicho por el profeta Isaías, cuando dijo: El mismo tomó nuestras enfermedades, y llevó nuestras dolencias."

"Jesucristo es el mismo ayer, y hoy, y por los siglos" (Hebreos 13:8). Lo que Él hizo para la iglesia primitiva, lo hará para la iglesia de hoy. "De cierto, de cierto os digo: El que en mí cree, las obras que yo hago, él las hará también; y aun mayores hará, porque yo voy al Padre. Y todo lo que pidiereis al Padre en mi nombre, lo haré, para que el Padre sea glorificado en el Hijo. Si algo pidiereis en mi nombre, yo lo haré" (Juan 14:12-14).

Cuando decimos que la sanidad es una parte de la expiación, queremos decir que la muerte, sepultura, y la resurrección de Cristo forman la base de nuestra sanidad tanto como para nuestra salvación. No significa que si tenemos la fe para ser salvos entonces seremos automáticamente sanados, o que si alguien no es sanado entonces no es salvo. Debemos darnos cuenta que algunos de los beneficios de la Expiación son inmediatos, mientras que otros son futuros.

Hoy es el día de la salvación, en el sentido de recibir el perdón de pecados y el nuevo nacimiento, y todos pueden gozarse de estos beneficios inmediatamente. Siempre estamos esperando la redención del cuerpo en el último sentido de la glorificación. (Véase Romanos 8:23; Filipenses 3:20-21.) Mientras algunas sanidades son disponibles en este día, la sanidad completa será en la resurrección. Lo que no recibimos hoy recibiremos entonces. Pero el sacrificio de Cristo es la base para todo lo que recibimos, tanto hoy como en la eternidad.

Cuando comprendemos que la sanidad no viene solo por una casualidad, sino que Cristo la compró por nosotros, podemos orar para recibir la sanidad con gran confianza. Hablaremos acerca de las razones del porqué no siempre recibimos una sanidad instantánea, pero estas razones no deben reprimirnos de reclamar la promesa de Dios. Debemos esperar la sanidad como la voluntad general de Dios, sin perder la fe si no acontece en el momento o en la manera que lo esperamos. Aunque muramos mientras esperamos una sanidad, no hemos sido derrotados, porque recibiremos un cuerpo glorificado e inmortal en la resurrección.

LA SANIDAD PROGRESIVA

Algunas veces la sanidad viene instantáneamente, a veces es gradual o progresiva. El cuerpo humano tiene una capacidad natural de sanarse. Cuando nos cortamos un dedo, normalmente se sanará por su propia cuenta si lo mantenemos limpio y libre de infección. Puesto que Dios diseñó nuestros cuerpos con su capacidad maravillosa de recuperarse, podemos decir en un sentido general que toda sanidad es de Dios. Un cirujano no actualmente sana el cuerpo sino corrige un problema para que el cuerpo pueda sanarse a sí mismo. Similarmente, puede ser que Dios a veces simplemente remueva lo que esta impidiendo que el cuerpo se sane a sí mismo, entonces lo deja reasumir su función normal. En tal caso la sanidad será gradual pero siempre de Dios.

La mayoría de los relatos bíblicos de sanidades describen sanidades instantáneas, pues esos casos son los más notables, y ciertamente debemos esperar tales acontecimientos. Sin embargo, aun en la Biblia, algunas sanidades eran graduales. Cuando los diez leprosos pidieron misericordia de Jesús, Él les dijo que se presentaran a los sacerdotes, y mientras iban fueron sanados (Lucas 17:12-14). Aunque su sanidad vino rápidamente, no era evidente cuando la pidieron o mientras estaban con Jesús, sino se hizo evidente más tarde.

Una vez, cuando Jesús sanó a un ciego, tuvo que

LOS DONES ESPIRITUALES

tocarle una segunda vez (Marcos 8:22-25). Después del primer toque el hombre pudo ver a algunas personas como árboles andantes, pero después del segundo toque pudo ver todas las cosas claramente. Quizás el proceso era necesario para hacer incrementar la fe del varón. En todo caso, este relato nos revela que alguien puede recibir una sanidad parcial, pero siempre tendrá necesidad de una fe continua y paciencia para una sanidad completa.

La Biblia también revela que algunos cristianos neotestamentarios sufrían de enfermedades por un tiempo sin recibir una sanidad inmediata. Pablo escribió acerca de un predicador del Evangelio quien estuvo seriamente enfermo por un largo período:

"Mas tuve por necesario enviaros a Epafrodito, mi hermano y colaborador y compañero de milicia, vuestro mensajero, y ministrador de mis necesidades; porque él tenía gran deseo de veros a todos vosotros, y gravemente se angustió porque habíais oído que había enfermado.] Pues en verdad estuvo enfermo, a punto de morir; pero Dios tuvo misericordia de él, y no solamente de él, sino también de mí, para que yo no tuviese tristeza sobre tristeza" (Filipenses. 2:25-27). Pablo mencionó también a otro predicador que estaba enfermo: "Erasto se quedó en Corinto, y a Trófimo dejé en Mileto enfermo" (II Timoteo 4:20).

Finalmente, otro ministro, Timoteo, sufría de enfermedades crónicas debido a una constitución débil. Pablo le aconsejó, "Ya no bebas agua, sino usa de un poco de vino por causa de tu estómago y de tus frecuentes enfermedades" (I Timoteo 5:23). Aparentemente, Pablo recomendó que él tomara un nutritivo jugo de uvas en vez de solamente agua, lo que podría haber sido insalubre. En todo caso, él mostró que, aunque los cristianos siempre confían en Dios para la sanidad y fuerza, deben siempre seguir los principios de buena nutrición y cuidados de la salud.

Estos pasajes no culpan a los creyentes enfermos por sus enfermedades, sino demuestran que no es inusual que los cristianos se enfermen. Siempre tenemos cuerpos mortales y vivimos en un mundo decaído, y no somos inmunes a las enfermedades, pruebas, y tribulaciones de la vida diaria. No debemos ver la enfermedad como una derrota, sino como una oportunidad para la sanidad. Aunque recibimos una sanidad instantánea o gradual, damos la gloria a Dios. Si sufrimos por un tiempo antes de nuestra recuperación, entonces aprendemos la paciencia, la confianza, y otras lecciones de Dios. Si morimos en fe, como todos harán algún día (si es que primero no acontezca el Rapto), siempre tendremos nuestra recompensa eterna.

EL ROL DE DOCTORES Y DE LA MEDICINA

Aunque estemos enfermos o tengamos buena salud, debemos poner nuestra fe en Dios. Cuando estamos enfermos, debemos mirar primeramente, primordialmente y continuamente a Dios para la sanidad y la liberación. No debemos poner nuestra fe en los doctores ni la medicina en vez de en Dios. Pero no es un pecado consultar a los médicos o tomar la medicina. Pablo describió a su colaborador Lucas como "el médico amado" sin cualquier sugerencia de condenación por su profesión (Colosenses 4:14).

LOS DONES ESPIRITUALES

Los doctores desempeñan muchos servicios valiosos. Nos educan en los principios de buena salud tales como una dieta correcta, ejercicios y la higiene para prevenir las enfermedades y epidemias. Nos alertan de los peligros y problemas, y cuando el cuerpo no funciona correctamente nos ayudan a encaminarlo nuevamente como Dios ha dispuesto. Su conocimiento y pericia siempre vienen de Dios, y las medicinas que ellos prescriben tienen su origen en las hierbas, las vitaminas, los minerales, y en otras sustancias que Dios ha creado para nuestro uso. Muchas veces la medicación siempre sirve como substituto por algo que el cuerpo normalmente provee. En tiempos de enfermedad debemos orar para sanidad, pero si no viene la sanidad completa inmediatamente, no hay nada de malo en usar los diferentes medios para el beneficio del cuerpo, incluyendo los médicos, la medicación, yesos, muletas, y sillas de ruedas.

Por supuesto, debemos evaluar todos los tratamientos médicos cuidadosamente, buscando la voluntad y la sabiduría de Dios en todo. Nuestra sociedad abusa de la medicación; la tendencia es de pensar que hay una pastilla para cada problema. Pero debemos estar atentos a las limitaciones, efectos secundarios, y los peligros de varias medicaciones y procedimientos. Además, puede ser que algunos tratamientos no sean apropiados para el hijo de Dios. Una vez un doctor recomendó que mi madre se sometiera a la hipnosis para aliviar su dolor, pero ella rechazó a aquella opción, creyendo que sujetaría su mente a un grado de control no permitido a las manos de un incrédulo.

Algunas veces la gente cree que Dios les ha sanado

y que ya no tienen necesidad de tratamiento médico. Si Dios les ha hablado, ellos deben permanecer firmes en Su promesa. Además, si Dios les ha sanado, podrán obtener certificación de los médicos. Deben aceptar la sanidad de Dios, pero no deben descontinuar los tratamientos médicos como un medio de probar su fe y así "requerir" que Dios les sane

LA FE CUANDO NO LLEGUE LA LIBERACIÓN O LA SANIDAD

Nuestra fe debe descansar en Dios mismo y no en una liberación o sanidad instantánea. A veces Dios no contesta nuestras oraciones en la manera que deseamos o esperamos; sin embargo, confiamos en Él. Job afirmó, "He aquí, aunque él me matare, en él esperaré" (Job 13:15). Dios no es el autor de las enfermedades ni de las dificultades—el pecado de la raza humana ha traído esas cosas al mundo—pero El sí permite que nos acontezcan.

Cuando vienen las pruebas, no debemos desanimarnos, pero debemos buscar la voluntad de Dios en medio de ellas. Santiago 1:2-4 dice "Hermanos míos, tened por sumo gozo cuando os halléis en diversas pruebas, sabiendo que la prueba de vuestra fe produce paciencia. Mas tenga la paciencia su obra completa, para que seáis perfectos y cabales, sin que os falte cosa alguna." Dios no impide las pruebas, pero siempre provee la gracia para sostenernos y librarnos en el tiempo de prueba: "No os ha sobrevenido ninguna tentación que no sea humana; pero fiel es Dios, que no os dejará ser tentados más de

LOS DONES ESPIRITUALES

lo que podéis resistir, sino que dará también juntamente con la tentación la salida, para que podáis soportar" (I Corintios 10:13).

A veces Dios nos libra milagrosamente de una prueba, pero a veces nos permite pasar por una prueba. Por ejemplo, el rey Herodes arrestó a dos apóstoles, Pedro y Jacobo. Dios libró milagrosamente a Pedro de la prisión, pero no impidió que Jacobo muriera decapitado. La misma iglesia oró por ambos. No podemos culpar a la iglesia ni a Jacobo por una falta de fe, pero debemos reconocer que ambos varones vivían y murieron en fe y en la voluntad de Dios.

Cuando Pablo fue arrestado en Jerusalén, no obtuvo una liberación milagrosa como la de Pedro, entonces se valió de toda protección y apelación legal. Se podría haber amargado por el hecho de que Dios no le libró, o podría haber renunciado a todo esfuerzo de librarse basado en la teoría que no debería de luchar contra lo que aparentemente era la voluntad de Dios. Sin embargo, ambas decisiones habrían sido incorrectas. Era la voluntad de Dios de que esperara pacientemente persistiendo en al oración, obrando para su libertad, y haciendo lo que pudiese para promover el Evangelio. Al final, Pablo fue ejecutado, pero mientras tanto tenía oportunidades de testificar a varios líderes gubernamentales, incluyendo al Emperador Romano, y podía escribir las cartas que forman parte del Nuevo Testamento hoy. Dios tenía un propósito en las pruebas de Pablo que era más grande que lo que Pablo podía reconocer en ese tiempo; él tenía que vivir simplemente por fe.

Pablo también luchaba con un "aguijón en mi carne,"

Sanidad

que era "un mensajero de Satanás que me abofetee." Era la oposición satánica que él encontraba en todo lugar a donde iba para predicar el Evangelio. Algunos piensan que eso incluía un problema físico; en todo caso no era de Dios. Tres veces Pablo oró para liberación, pero Dios no contestó la oración tal como él deseaba. En cambio, Dios le dijo, "Bástate mi gracia; porque mi poder se perfecciona en la debilidad." (Véase II Corintios 12:7-9.)

Los principios de los que hemos hablado siguen siendo verídicas para la enfermedad física. Romanos 8:28 nos dice, "Y sabemos que a los que aman a Dios, todas las cosas les ayudan a bien, esto es, a los que conforme a su propósito son llamados." Puede ser que no podamos identificar un beneficio particular que resulta de cada evento negativo, pero cuando consideramos nuestra vida entera, podremos ver que Dios ha obrado experiencias—tanto positivas como negativas—para nuestro bien. Entonces, en las enfermedades debemos seguir amando a Dios, haciendo Su voluntad, y confiando en Él. Si hay algo en nuestras vidas que no le agrada a Él, debemos arrepentirnos y corregir nuestro modo de vivir. Debemos orar y creer para la sanidad divina, pero si estamos enfermos por un tiempo debemos usar cualquier medio que Él nos ha provisto para aliviar nuestro sufrimiento y para darnos avance para la recuperación.

Una tía mía que tenía más de cuarenta años fue diagnosticada de cáncer. Ella tenía una gran fe en Dios, y muchas veces en la oración ella creía que Dios le había sanado completamente. Ella confiaba, y aquellos más cercanos a ella testificaban de su gran fe. Durante su tiempo de prueba, Dios le habló por medio de lenguas

LOS DONES ESPIRITUALES

e interpretación, prometiéndole que viviría para ver la tercera generación de su familia. En aquél tiempo, dos de sus cuatro hijos eran casados, pero no tenía nietos. La familia creía que esta promesa significaba que sería sanada, pero no iba a ser así. Un poco después de la Palabra profética, tanto su hija como su nuera se hallaron embarazadas. Unos pocos meses después del nacimiento de estos dos nietos, falleció mi tía. La familia no podía explicar porqué Dios permitía este evento pero siempre confiaban en Él. Como un resultado positivo de esta severa prueba, otra tía mía fue tan inspirada por este ejemplo de fidelidad hasta la muerte que ella renovó su propio caminar con Dios.

La fe no solo se manifiesta por medio de la liberación milagrosa; se puede ver la fe de igual modo en la perseverancia paciente en medio de las pruebas. El capítulo 11 de Hebreos enumeró a muchos héroes de fe: algunos recibieron milagros por medio de la fe mientras otros murieron en fe sin recibir milagro. Todos obtenían la aprobación de Dios y sirven como ejemplos para nosotros. Los tres jóvenes hebreos en Babilonia realmente esperaban una liberación milagrosa, pero si Dios no les librase estaban todavía decididos a seguirle. Le dijeron a Nabucodonosor, "He aquí nuestro Dios a quien servimos puede librarnos del horno de fuego ardiendo; y de tu mano, oh rey, nos librará. Y si no, sepas, oh rey, que no serviremos a tus dioses, ni tampoco adoraremos la estatua que has levantado" (Daniel 3:17-18).

Algunas personas enseñan erróneamente que la sanidad divina vendrá inevitablemente si las personas simplemente tienen la fe suficiente, hacen la confesión correcta, o siguen cierto procedimiento. Pero Dios es soberano; no podemos comprenderle, muchos menos manipularle o dictarle. Por definición, la fe siempre retiene un elemento de misterio, de lo desconocido, de una confianza a pesar de la falta de comprensión. Nunca podremos reducirla a una fórmula simple y rígida.

Un ex-alumno mío aprendió acerca de una iglesia carismática en el estado de Texas que enseñaba fuertemente la doctrina de la confesión positiva: es decir, si una persona confesaba su sanidad con una fe total, inevitablemente sería sanada. Un miembro de la junta de la iglesia fue diagnosticado de cáncer incurable. Los miembros de la iglesia oraban, confesaban, se unieron, y reclamaban la victoria. El varón no recibió su sanidad sino que seguía deteriorándose. Finalmente, los líderes de la iglesia le informaron que la fe de ellos era fuerte; y que la razón por la que no fue sanado era por su propia falta de fe. Cuando más necesitaba ánimo, aquella doctrina fue usada para atacarle. Sin embargo, después de desafiliarse de esa iglesia, recibió una sanidad milagrosa.

PORQUÉ A VECES LA SANIDAD NO ACONTECE

¿Porqué algunas personas no reciben su sanidad? Podemos identificar varias razones posibles.

1. *Falta de fe.* Tal como se ha hablado, muchas personas que tienen fe no son sanadas. Sin embargo, como veremos en el capítulo 10, la fe es la clave para recibir la sanidad de Dios. Cuando buscamos la sanidad, debemos enfocar nuestra fe en el Señor y Sus promesas.

LOS DONES ESPIRITUALES

Probablemente la mayor razón por la que no vemos más sanidades milagrosas del Señor en nuestros días es la falta de fe. Aunque Jesús era un gran sanador y hacedor de milagros, cuando regresó a Nazaret para una visita, la mayoría de las personas no aceptó Su ministerio porque pensaban que le conocían muy bien a Él y a Su familia. Como consecuencia, "Y no hizo allí muchos milagros, a causa de la incredulidad de ellos" (Mateo 13:58).

2. *Nuestras propias acciones.* Cuando la sanidad no acontece, no debemos examinar solamente nuestra fe sino debemos examinar nuestro estilo de vida, nuestras acciones, y nuestro ambiente. Muchas veces, la enfermedad es un resultado de nuestras acciones deliberadas o accidentales.

A veces, pero no siempre, la enfermedad es resultado del pecado. Después de haber sanado a un paralítico en el pozo de Betesda, Jesús le dijo ". . . Mira, has sido sanado; no peques más, para que no te venga alguna cosa peor" (Juan 5:14). Pablo explicó que la falta de reverencia por la cena del Señor podría provocar serias consecuencias físicas: "Porque el que come y bebe indignamente, sin discernir el cuerpo del Señor, juicio come y bebe para sí. Por lo cual hay muchos enfermos y debilitados entre vosotros, y muchos duermen" (I Corintios 11:29-30). Puede ser que Dios permita que nos sobrevenga un castigo en la forma de alguna enfermedad debido a una falta que hubiéramos cometido en contra de alguien más, y en tales casos debemos arrepentirnos y confesar aquella falta para que seamos sanados. (Véase Santiago 5:16).

Hay muchos ejemplos en que una transgresión contra la voluntad de Dios resultaría en una enfermedad

Sanidad

específica. Tomar bebidas alcohólicas puede causar cirrosis al hígado, fumar tabaco puede causar enpicema y enfermedades de los pulmones, los pecados sexuales pueden resultar en enfermedades venéreas y el SIDA, y el guardar rencor y odio puede contribuir a una variedad de enfermedades relacionadas con el estrés. Una rebelión persistente contra Dios puede causar quebrantamiento mental y físico.

Sin embargo, la mayoría de las enfermedades no es el resultado directo del pecado de un individuo. Cuando los discípulos vieron a un ciego, ellos concluyeron que su condición se debía al pecado de alguien, pero Jesús les corrigió. "Y le preguntaron sus discípulos, diciendo: Rabí, ¿quién pecó, éste o sus padres, para que haya nacido ciego? Respondió Jesús: No es que pecó éste, ni sus padres, sino para que las obras de Dios se manifiesten en él" (Juan 9:2-3). Los amigos de Job trataban de culpar su condición en un pecado en su vida, pero él rechazaba la conclusión de ellos, y al final Dios lo vindicó.

La enfermedad también puede ser el resultado de una dieta insalubre, falta de higiene, falta de ejercicio, el estrés, falta de descanso, y causas ambientales. Aunque podemos buscar la ayuda de Dios en estas situaciones, sería presuntuoso orar para recibir la sanidad divina sin hacer un intento de corregir los factores que están a nuestro alcance. No podemos culpar a Dios si nos enfermamos debido a nuestras propias acciones, ni podemos decir que Dios ha fallado si no nos sana instantáneamente en tales casos.

No debemos juzgar a otros quienes están enfermos, pero debemos examinarnos a nosotros mismos para ver

LOS DONES ESPIRITUALES

si Dios está tratando de castigarnos o de enseñarnos por medio de una enfermedad. Nuestras infracciones de una ley física o espiritual podrían ser la causa, y en tal caso debemos hacer las correcciones necesarias. Después de examinarnos a nosotros mismos en oración, si no vemos una causa, no debemos vivir con un sentir de culpabilidad y condenación, sino debemos continuar andando por fe.

3. *Entre la voluntad general y la voluntad específica de Dios.* Aunque la Biblia da una promesa general de sanidad a la iglesia, puede ser que no sea la voluntad de Dios sanar instantáneamente en un caso específico. Todas las oraciones deben ser sometidas a la voluntad de Dios. Jesús nos enseñó a orar, "Venga tu reino. Hágase tu voluntad, como en el cielo, así también en la tierra" (Mateo 6:10). Él mismo oró en el huerto de Getsemaní, "Padre, si quieres, pasa de mí esta copa; pero no se haga mi voluntad, sino la tuya" (Lucas 22:42). Dios promete oír y conceder lo que pidamos, pero esta promesa esta basada en nuestro pedir "conforme a su voluntad" (I Juan 5:14-15).

Santiago 5:14-16 nos instruye a orar por los enfermos; entonces siempre es la voluntad de Dios que así lo hagamos. Debemos orar para la sanidad de una persona enferma, y tenemos la seguridad de que Dios oirá y contestará esta oración—pero a Su manera y a Su tiempo, no necesariamente a nuestra manera y a nuestro tiempo. Puede ser que sane instantáneamente, puede ser que comience un proceso gradual de sanidad, puede ser que use lo que consideramos medios "naturales," puede ser que lo sane más luego, puede ser que Él conceda gracia por un tiempo a través de la enfermedad, o puede ser que permita que la persona muera en fe y reciba la respuesta a su oración en la resurrección.

Pueden haber muchas razones por las que Dios no sane instantáneamente. Algunas podemos discernir mientras otras son conocidas por la mente soberana de Dios. Por ejemplo, en vez de aliviar nuestros síntomas temporales por medio de una sanidad milagrosa, puede ser que el Señor nos permita permanecer enfermos por un tiempo para que podamos corregir la causa de la enfermedad.

El dolor es importante al respecto. Aunque a ninguno de nosotros nos gusta el dolor, es importante prestar atención a nuestros cuerpos cuando sentimos dolor. En vez de ignorar un dolor crónico, debemos intentar comprender la causa. Personas con lepra pierden gradualmente el sentido en sus extremidades. Por ejemplo, no sienten dolor cuando se hieren un pie o dedo y vivirán por días u horas sin corregir un problema serio. Como resultado, sus cuerpos sufren un daño gradual e irreparable. Puede ser una bendición de Dios que Él no quite el dolor inmediatamente sino que permita que el dolor nos ayude.

A veces Dios puede usar una enfermedad para llevar a cabo un propósito específico en nuestras vidas. El hombre ciego en el capítulo 9 de Juan vivía con su condición por muchos años hasta el tiempo de Dios para un milagro, y Jesús explicó que fue el propósito de Dios revelar Sus obras por medio de este varón. Muchas veces Jesús debe haber pasado por el lado del hombre paralítico quien se sentaba en el pórtico del Templo por muchos años, pero no fue sanado, hasta que Pedro y Juan oraron por él en el capítulo 3 de los Hechos.

Después de que mi familia sufrió un terrible accidente

de transito en el año de 1963, mis padres estuvieron internados en un hospital por muchas semanas. Mi madre casi murió del cuello roto y una contusión cerebral. La nariz y ambos brazos de mi padre estaban fracturados. El accidente detuvo por un año nuestro viaje a Corea. Desde nuestra perspectiva, el sufrimiento y la pérdida de tiempo no parecía comprensible, pero por lo menos una cosa buena salió de esta prueba tan dura. Mi padre tuvo la oportunidad de testificar a una enfermera acerca de la salvación. Ella se arrepintió en el cuarto del hospital donde él yacía incapacitado. Entonces ella asistió a la iglesia, fue bautizada en el nombre de Jesús, recibió el bautismo del Espíritu Santo, y muchos años después aún continuó viviendo por Dios.

Finalmente, Eclesiastés 3:2 nos dice que hay "tiempo de morir." En algún momento Dios no sana milagrosamente, sino nos permite pasar de esta vida a la próxima. Aun en casos donde parece que la vida se acorta injustamente, debemos confiar en el juicio de Dios. Solo Él sabe lo que pudiera haber acontecido si alguna persona hubiera vivido más tiempo, y solo Él sabe lo que acontecerá como resultado de la muerte de alguna persona.

Desde la perspectiva de la eternidad, podremos ver todas las cosas claramente. Los sufrimientos de esta vida parecerán ligeros, y todas las vidas terrenales parecerán haber durado solamente un momento.

En conclusión, debemos orar por la sanidad, a menos que Dios nos guíe en otra manera. No debemos usar ninguno de los factores de los cuales se acaba de hablar como excusa de no confiar o no creer en las promesas de Dios para la sanidad. Debemos orar en fe y vivir en fe.

Cuando lo hacemos así, observaremos y experimentaremos el poder sanador milagroso en una forma regular. Sobre todo, nos daremos cuenta que Dios no siempre actúa como nosotros deseamos o esperamos, sino que obra todas las cosas juntamente para nuestro bien.

CAPÍTULO DIEZ

FE PARA RECIBIR SANIDAD

La sanidad divina es una señal que sigue a los que creen. Jesús prometió, "Y estas señales seguirán a los que creen: En mi nombre echarán fuera demonios; hablarán nuevas lenguas; tomarán en las manos serpientes, y si bebieren cosa mortífera, no les hará daño; sobre los enfermos pondrán sus manos, y sanarán" (Marcos 16:17-18). Todos los creyentes—no solamente apóstoles, profetas, o predicadores—pueden vencer el poder de Satanás, hablar en lenguas, gozarse de protección divina, y orar exitosamente para la sanidad divina de los enfermos.

Algunas personas quienes no creen en los milagros en el día de hoy tratan de desacreditar las enseñanzas de Marcos 16:17-18 por retar a los creyentes a coger víboras venenosas, o para tomar veneno. Sin embargo, este pasaje no aprueba tales prácticas, no nos instruye a tentar a Dios, pero afirma que podemos tener fe para protección divina contra algún peligro. Cuando Satanás

LOS DONES ESPIRITUALES

tentó a Jesús, él citó una promesa de protección divina de los Salmos y retó a Jesús a lanzarse del pináculo del templo. Jesús replicó citando de Deuteronomio, "Dicho está: No tentarás al Señor tu Dios" (Lucas 4:12). Si nosotros nos exponemos deliberadamente al peligro para probar a Dios o para exaltar a nosotros mismos, entonces no podemos confiar en la promesa de Dios de protegernos.

Puesto que el capítulo 12 de I Corintios enumera la sanidad entre los dones sobrenaturales espirituales que Dios da en diversos tiempos a diversos individuos, pero no a todos, podemos concluir que no todos recibirán la sanidad cada vez que oremos. Aun así Marcos 16:17-18 nos dice que todos los creyentes deben esperar que hayan sanidades en respuesta a sus oraciones.

Además, Santiago 5:14-15 nos dice que debemos orar por todos los creyentes quienes estén enfermos y debemos creer que es la voluntad general de Dios sanarlos: "¿Está alguno enfermo entre vosotros? Llame a los ancianos de la iglesia, y oren por él, ungiéndole con aceite en el nombre del Señor. Y la oración de fe salvará al enfermo, y el Señor lo levantará; y si hubiere cometido pecados, le serán perdonados." La palabra "enfermo" viene del griego *astheneo*, que aparece muchas veces en el Evangelio en referencia a los que están enfermos. El Señor es el que levanta a los enfermos y Él responde a "la oración de fe."

Tanto Marcos 16:17-18 como Santiago 5:14-15 nos instruyen que como un principio general debemos esperar que cuando oremos los enfermos sean sanados, y debemos enfatizar la importancia de fe en recibir la sanidad. Examinemos más ampliamente el rol de la fe.

EL PAPEL VITAL DE LA FE

Hay numerosos relatos de sanidad en los Evangelios, y en los Hechos, y en la mayoría de ellos la fe es notable. Aunque Dios es soberano y puede hacer un milagro en cada momento que Él decida, es obvio que Él responde a la fe. La persona que necesita la sanidad debe ejercer la fe; si no puede, entonces otros deben ejercer la fe por su bien. A continuación presentamos algunos ejemplos bíblicos que demuestran la necesidad de fe para recibir la sanidad:

• "Entonces les tocó los ojos, diciendo: Conforme a vuestra fe os sea hecho" (Mateo 9:29)

• "Y no hizo allí muchos milagros, a causa de la incredulidad de ellos" (Mateo 13:58)

• "Al ver Jesús la fe de ellos, dijo al paralítico: Hijo, tus pecados te son perdonados" (Marcos 2:5). Este varón no podía acercarse a Jesús por sus propias fuerzas, pero algunos de sus amigos le bajaron por un hoyo en el tejado de la casa donde Jesús estuvo enseñando a una multitud. Como resultado de su fe, el varón pudo encontrarse con el Señor, quien le concedió tanto el perdón (que requería el arrepentimiento y la fe por su parte) como la sanidad. Tanto el varón como sus amigos se unieron en fe.

• "Entonces respondiendo Jesús, dijo: Oh mujer, grande es tu fe; hágase contigo como quieres. Y su hija fue sanada desde aquella hora" (Mateo 15:28). Jesús sanó a la hija debido a la fe de la madre

• "Y él le dijo: Hija, tu fe te ha hecho salva; vé en paz, y queda sana de tu azote" (Marcos 5:34).

• "Pero Jesús, luego que oyó lo que se decía, dijo

LOS DONES ESPIRITUALES

al principal de la sinagoga: No temas, cree solamente" (Marcos 5:36).
• "Jesús le dijo: Si puedes creer, al que cree todo le es posible. E inmediatamente el padre del muchacho clamó y dijo: Creo; ayuda mi incredulidad" (Marcos 9:23-24). Este varón creyó, pero se dio cuenta de que las dudas lo estaban atacando y entonces pidió ayuda divina para vencerlas. El Señor respondió a esta oración por sanar al hijo del varón.
• "Y Jesús le dijo: Vete, tu fe te ha salvado. Y en seguida recobró la vista, y seguía a Jesús en el camino" (Marcos 10:52).
• "Y cierto hombre de Listra estaba sentado, imposibilitado de los pies, cojo de nacimiento, que jamás había andado. Este oyó hablar a Pablo, el cual, fijando en él sus ojos, y viendo que tenía fe para ser sanado, dijo a gran voz: Levántate derecho sobre tus pies. Y él saltó, y anduvo" (Hechos 14:8-10). No parece que los apóstoles oraban por cada persona enferma o desvalida en cada ciudad. En cambio, ellos buscaban gente que tenía fe. En esta ocasión, Dios mostró a Pablo que este hombre tenía la fe para ser sanado. Pablo habló con denuedo porque él percibió la fe del varón, y el varón fue sanado.

Jesús sanaba a todos los que se le acercaban en fe; por ejemplo, en Mateo 8:16 "sanó a todos los enfermos." Sin embargo, como hemos visto, aun Él no sanó a cada persona enferma dentro de Su alcance, porque no hizo muchos milagros en Nazareth debido a la incredulidad de la gente. El ejemplo que nos ha dejado indica que no debemos de ir a cada asilo ni a cada hospital para orar indiscriminadamente por todos, pero debemos proclamar el mensaje de la sanidad y orar por los que responden en fe.

Los apóstoles, testigos del ministerio milagroso de Jesús, tenían gran fe cuando llegó el momento de ejercer sus propios ministerios. En por lo menos algunas ocasiones, todos por los que oraban fueron sanados. Hechos 5:14-16 registra, "Y los que creían en el Señor aumentaban más, gran número así de hombres como de mujeres; tanto que sacaban los enfermos a las calles, y los ponían en camas y lechos, para que al pasar Pedro, a lo menos su sombra cayese sobre alguno de ellos. Y aun de las ciudades vecinas muchos venían a Jerusalén, trayendo enfermos y atormentados de espíritus inmundos; y todos eran sanados." La sombra de Pedro no tenía ningún poder mágico, pero la fe del pueblo se incrementó en su presencia en respuesta a su aparente relación con Dios, y Dios a la vez respondió a su fe. Sin embargo, como hemos visto en el capítulo 9, no todos en la iglesia primitiva recibían la sanidad instantánea.

Debemos orar y creer por un ministerio de sanidad como el de los apóstoles, y así debemos esperar numerosas sanidades, a veces por una multitud a la vez. Si actuamos así, la iglesia de hoy verá más sanidades hoy que en los tres años del ministerio terrenal de Cristo, en cumplimiento de Su promesa de "mayores obras" (Juan 14:12). A la vez, debemos reconocer la unicidad del ministerio de Jesús: Él tenía una percepción perfecta de la fe del pueblo y de la voluntad de Dios para ellos, Él tenía todo poder y autoridad como Dios manifestado en carne, y Él usaba las sanidades como un medio de establecer Su identidad mesiánica. (Véase Mateo 8:16-17; 28:18; Juan

2:24-25.) Entonces solamente Su ministerio de la sanidad permanece como un ejemplo de perfección.

INVOCANDO EL NOMBRE DE JESÚS

No solo debemos tener fe, pero es necesario tener fe en Jesucristo, el que compró nuestra sanidad por las llagas en Su espalda en la Expiación. El poder de la fe no descansa en nuestra creencia mental de una confesión verbal, sino en el objeto de nuestra fe. Recibiremos la sanidad solamente si aquel a quien clamamos tiene el poder de sanar, y Jesús es Aquel que tiene todo poder.

Por esta razón, la Biblia nos instruye a orar por la sanidad en el nombre de Jesús. Su nombre no es una formula mágica, pero cuando invocamos Su nombre en fe, ponemos nuestra fe en la persona y la obra de Jesucristo, y demostramos aquella fe a todos por obedecer Su Palabra. A continuación presentamos algunas declaraciones bíblicas acerca de la importancia de orar en el nombre de Jesús:

• "Y estas señales seguirán a los que creen: En mi nombre echarán fuera demonios; hablarán nuevas lenguas; tomarán en las manos serpientes, y si bebieren cosa mortífera, no les hará daño; sobre los enfermos pondrán sus manos, y sanarán" (Marcos 16:17-18). Todas estas obras toman lugar en el nombre de Jesús.

• Jesús dijo, "Si algo pidiereis en mi nombre, yo lo haré" (Juan 14:14).

• "¿Está alguno enfermo entre vosotros? Llame a los ancianos de la iglesia, y oren por él, ungiéndole con aceite en el nombre del Señor" (Santiago 5:14).

• "Mas Pedro dijo: No tengo plata ni oro, pero lo que

tengo te doy; en el nombre de Jesucristo de Nazareth, levántate y anda" (Hechos 3:6). Aquí Pedro explica a la multitud cómo fue sanado el hombre cojo.

• "Y poniéndoles en medio, les preguntaron: ¿Con qué potestad, o en qué nombre, habéis hecho vosotros esto? . . . sea notorio a todos vosotros, y a todo el pueblo de Israel, que en el nombre de Jesucristo de Nazareth, a quien vosotros crucificasteis y a quien Dios resucitó de los muertos, por él este hombre está en vuestra presencia sano . . . Y en ningún otro hay salvación; porque no hay otro nombre bajo el cielo, dado a los hombres, en que podamos ser salvos" (Hechos 4:7, 10, 12). Aquí Pedro explica a los líderes religiosos judíos cómo el hombre cojo fue sanado.

• "Aconteció que Pedro, visitando a todos, vino también a los santos que habitaban en Lida. Y halló allí a uno que se llamaba Eneas, que hacía ocho años que estaba en cama, pues era paralítico. Y le dijo Pedro: Eneas, Jesucristo te sana; levántate, y haz tu cama. Y en seguida se levantó. Y le vieron todos los que habitaban en Lida y en Sarón, los cuales se convirtieron al Señor" (Hechos 9:32-35).

• "Y esto lo hacía por muchos días; mas desagradando a Pablo, éste se volvió y dijo al espíritu: Te mando en el nombre de Jesucristo, que salgas de ella. Y salió en aquella misma hora" (Hechos 16:18).

ENFOCANDO NUESTRA FE

No es suficiente creer en forma general que Dios puede sanar, ni aun que El sanará eventualmente. La fe

LOS DONES ESPIRITUALES

tiene que actuar en el presente para decir, "¡Estoy recibiendo mi sanidad ahora!" A menudo Jesús y los apóstoles usaban actos simbólicos para ayudar al pueblo a enfocar su fe para recibir la sanidad en un momento específico. A continuación algunos ejemplos:

• "Y le trajeron un sordo y tartamudo, y le rogaron que le pusiera la mano encima. Y tomándole aparte de la gente, metió los dedos en las orejas de él, y escupiendo, tocó su lengua; y levantando los ojos al cielo, gimió, y le dijo: Efata, es decir: Sé abierto. Al momento fueron abiertos sus oídos, y se desató la ligadura de su lengua, y hablaba bien" (Marcos 7:32-35).

• "Dicho esto, escupió en tierra, e hizo lodo con la saliva, y untó con el lodo los ojos del ciego, y le dijo: Vé a lavarte en el estanque de Siloé. Fue entonces, y se lavó, y regresó viendo" (Juan 9:6-7).

• "Y hacía Dios milagros extraordinarios por mano de Pablo, de tal manera que aun se llevaban a los enfermos los paños o delantales de su cuerpo, y las enfermedades se iban de ellos, y los espíritus malos salían" (Hechos 19:11-12).

En estas instancias, no debemos suponer que la saliva, la arcilla, ni los paños y delantales eran necesarios para la sanidad. Eran simplemente herramientas para enfocar la fe de los receptores. Cuando Jesús tocó la lengua del hombre con impedimento de hablar, el varón se dio cuenta que algo iba a acontecer a su lengua en aquel momento. Cuando el hombre ciego lavó la arcilla de sus ojos en obediencia al mandamiento de Jesús, él esperaba que algo sucediese en aquel momento.

Cuando los paños y delantales de Pablo fueron pues-

Fe Para Recibir Sanidad

tos sobre los enfermos, se daban cuenta que un hombre de fe había orado por ellos, y ellos unieron su fe a la de Pablo. Este procedimiento, aunque no es obligatorio, es útil cuando es difícil que un enfermo se encuentre con los ancianos de la iglesia para oración. Aquella persona y su familia entonces pueden unir sus oraciones con las de la iglesia y creer por la sanidad.

En ningún caso debemos de ver al paño como mágico o indispensable, ni debemos poner nuestra fe en un individuo quien ha orado sobre el paño. Al contrario, debemos darnos cuenta que la fe es la clave y aquella fe debe ser puesta en Jesucristo.

Hay dos acciones simbólicas que la Biblia recomienda cuando se ora por los enfermos: el ungir con aceite y la imposición de manos. El propósito primordial de ambos es de enfocar la fe en un momento específico. Hablaremos de ungir con aceite ahora, y más tarde, en el capítulo 11, hablaremos de la imposición de manos.

UNGIENDO CON ACEITE

Santiago 5:14 instruye, "¿Está alguno enfermo entre vosotros? Llame a los ancianos de la iglesia, y oren por él, ungiéndole con aceite en el nombre del Señor." Los ancianos (equipo pastoral, ministros) deben ungir a los enfermos con aceite.

Algunos comentaristas modernos dicen que este versículo habla de un tratamiento médico. En tiempos antiguos, las técnicas médicas eran limitadas, y la gente vaciaba aceite encima de las heridas o las ulceras. Pero si esto es el significado del capítulo cinco de Santiago, ¿Por qué deben los ancianos actuar como médicos?, y ¿por qué deben usar aceite para cada enfermedad, desde un dolor de cabeza al cáncer? A través de las Escrituras, varones de Dios usaban el aceite para un ungimiento simbólico, y este significado es el obvio aquí. Encontramos un buen ejemplo en Marcos 6. Allí, Jesús envió a los doce discípulos a predicar el Evangelio. No les envió como médicos, pero les dio poder para echar fuera demonios y para sanar a los enfermos. Marcos 6:13 registra, "Y echaban fuera muchos demonios, y ungían con aceite a muchos enfermos, y los sanaban."

En numerosas instancias a través de las Escrituras, el aceite es simbólico del Espíritu Santo. En el Antiguo Testamento, los profetas, los sacerdotes y los reyes eran ungidos con aceite para significar la unción de Dios sobre ellos para el llamamiento que les había dado.

El Nuevo Testamento hace referencia a ese simbolismo: "Pero vosotros tenéis la unción del Santo, y conocéis todas las cosas . . . Pero la unción que vosotros recibisteis de él permanece en vosotros, y no tenéis necesidad de que nadie os enseñe; así como la unción misma os enseña todas las cosas, y es verdadera, y no es mentira, según ella os ha enseñado, permaneced en él" (I Juan 2:20, 27). La palabra "unción" se refiere literalmente al hecho de verter aceite sobre alguien, pero aquí habla sobre el Espíritu Santo que está vertido sobre nosotros.

El ungir con aceite no es absolutamente necesario para la sanidad; de hecho la gran mayoría de los relatos bíblicos de sanidades no lo mencionan. Sin embargo, cuando los ancianos se congregan para orar por un creyente enfermo, se recomienda ungirle con aceite. Les

Fe Para Recibir Sanidad

recuerda a todos que la sanidad no viene de los ancianos sino por el poder del Espíritu Santo. La unción sirve también para enfocar la fe del receptor. El toque del aceite le recuerda de la promesa de Dios y le da un momento específico para creer que será tocado por Dios.

PARA TODOS LOS QUE CREEN

Algunos teólogos modernos argumentan que el día de milagros se acabó y, en particular, que la sanidad divina era solo para que los apóstoles la administraran. Cuando son confrontados con los ejemplos bíblicos que muestran que el día de milagros no se ha acabado, ellos a veces modifican su teoría para decir que solamente los apóstoles o los que fueron ordenados por los apóstoles podrían orar para la sanidad divina. Pero los pasajes bíblicos de los cuales se han hablado en el capítulo 9 y en este capítulo no expresan tales limitaciones; al contrario, ellos proclaman la promesa de sanidad para todos los que creen. Enumeremos unas cuantas instancias en el libro de los Hechos donde personas quienes no eran apóstoles ni profetas fueron usadas poderosamente por Dios en distintos milagros.

• "Y Esteban, lleno de gracia y de poder, hacía grandes prodigios y señales entre el pueblo" (Hechos 6:8). Esteban no era uno de los doce apóstoles, pero era uno de los siete varones escogidos, generalmente considerados como diáconos, para administrar la distribución de los víveres.

• "Y la gente, unánime, escuchaba atentamente las cosas que decía Felipe, oyendo y viendo las señales que hacía. Porque de muchos que tenían espíritus inmundos, salían éstos dando grandes voces; y muchos paralíticos y cojos eran sanados" (Hechos 8:6-7). Este varón no era el apóstol Felipe sino, como Esteban, era uno de los siete diáconos. Más tarde la Biblia hace mención de él como un evangelista (Hechos 21:8).

• "Fue entonces Ananías y entró en la casa, y poniendo sobre él las manos, dijo: Hermano Saulo, el Señor Jesús, que se te apareció en el camino por donde venías, me ha enviado para que recibas la vista y seas lleno del Espíritu Santo. Y al momento le cayeron de los ojos como escamas, y recibió al instante la vista; y levantándose, fue bautizado" (Hechos 9:17-18). Ananías era un creyente, quizás un anciano en Damasco. No era un apóstol, y no hay ninguna evidencia de que él fuera ordenado por un apóstol.

Estos ejemplos nos animan a confiar en Dios para las mismas manifestaciones hoy en día. La clave para recibir la sanidad divina no es la identidad de uno o del que ora, sino es la fe en Jesucristo.

Preguntas de discusión:

Los Dones de Poder

Capítulos 8-11

1. Describa una ocasión donde fue testigo de un milagro.
2. ¿Qué piensa que es lo que constituye un "milagro"?
3. ¿Qué piensas que es lo que constituye una "sanidad"?
4. ¿Cuál es la relación de la fe a los dones de poder?
5. ¿Cómo podemos entender la función de la fe cuando oramos y una persona no es sanada?
6. ¿Son todas las sanidades milagrosas instantáneas? ¿Por qué sí o por qué no?
7. ¿Todavía podemos ver la demostración de los dones de poder, como sanidades y milagros hoy en día? ¿Por qué sí o por qué no?
8. ¿Cómo nos podemos preparar para ver más de los dones de poder?

CAPÍTULO ONCE

LA IMPOSICIÓN DE MANOS

Como se mencionó en el capítulo 10, la Biblia describe dos acciones importantes que pueden ayudar a enfocar la fe para recibir sanidad en un momento específico: el ungir con aceite y la imposición de manos. En este capítulo hablaremos acerca del significado de la imposición de manos.

Jesús prometió, "Y estas señales seguirán a los que creen: En mi nombre . . . sobre los enfermos podrán sus manos, y sanarán" (Marcos 16:17-18). Claramente, es importante que comprendamos la imposición de manos, especialmente si queremos ver que se cumpla la promesa de sanidad en la iglesia hoy en día.

Hebreos 6:1-2 identifica esta practica como una de las doctrinas fundamentales de la iglesia: "Por tanto, dejando ya los rudimentos de la doctrina de Cristo, vamos adelante a la perfección; no echando otra vez el fundamento del arrepentimiento de obras muertas, de la fe en Dios, de la doctrina de bautismos, de la imposición de manos, de

LOS DONES ESPIRITUALES

la resurrección de los muertos y del juicio eterno." Aquí "imposición de manos" se refiere a algo más que un simple hecho; representa una doctrina clave. Aparentemente representa la obra milagrosa del Espíritu Santo en la iglesia, incluyendo los dones del Espíritu, porque en el libro de los Hechos el Espíritu Santo generalmente vino con la imposición de manos.

EN EL ANTIGUO TESTAMENTO

Para comprender completamente este tema, debemos comenzar con su significado en el Antiguo Testamento. Los patriarcas y los profetas empleaban la imposición de manos en asociación con las oraciones de bendición, la consagración, o la ordenación. Cuando Jacob bendijo a Efraín y a Manasés, puso sus manos sobre sus cabezas (Génesis 48:14). Cuando Moisés ordenó a Josué para ser su sucesor, puso sus manos sobre él (Números 27:18-20; Deuteronomio 34:9).

En el Día de la Expiación, el sumo sacerdote usaba dos cabras para expiar los pecados del pueblo. Él sacrificaba a la primera cabra. Entonces puso sus manos sobre la segunda cabra, confesó los pecados del pueblo, y dejó escapar a esta cabra en el desierto (Levítico 16:21). Esta "cabra expiatoria" simbólicamente expiaba sus pecados, para nunca más ser vistos. Similarmente, cuando un individuo trajo un animal para el sacrificio, puso su mano sobre la cabeza del animal (Levítico 1:4, 4:4).

El hilo común a través de estos ejemplos es el simbolismo de la transferencia espiritual. Jacob transfirió bendiciones a sus nietos, Moisés transfirió autoridad y unción a su sucesor, el Sumo Sacerdote transfirió pecados del pueblo a la cabra expiatoria, y el penitente individual transfirió sus pecados al animal del sacrificio. Estas cualidades no fluían mágica o físicamente por medio de las manos, pero la imposición de manos representaba lo que Dios haría espiritualmente y les ayudaba a creer y a aceptar el acto invisible de Dios.

EN EL NUEVO TESTAMENTO

En el Nuevo Testamento la imposición de manos cumplía los mismos propósitos de simbolizar una transferencia espiritual y de una fe inspiradora. Jesús, los apóstoles, y los creyentes primarios imponían las manos para bendición, sanidad, recibir el Espíritu Santo, y la consagración u ordenación para servicio.

Sin embargo, la imposición de manos no se dio en todos los casos; entonces no es obligatorio. (Véase, por ejemplo, Mateo 8:5-13; Hechos 2:1-4; 10:44; 14:9-10.) Como ya se ha habló en el capítulo 10, la clave para recibir estos beneficios es la fe, no un acto físico como tal, pero la imposición de manos es un hecho divinamente ordenado que le ayuda al receptor a enfocar su fe para recibir. A continuación algunos ejemplos del Nuevo Testamento:

Bendición

• "Pero Jesús dijo: Dejad a los niños venir a mí, y no se lo impidáis; porque de los tales es el reino de los cielos. Y habiendo puesto sobre ellos las manos, se fue de allí" (Mateo 19:14-15).

LOS DONES ESPIRITUALES

Sanidad
• "Y no pudo hacer allí ningún milagro, salvo que sanó a unos pocos enfermos, poniendo sobre ellos las manos" (Marcos 6:5). Jesús no hizo muchos milagros en Nazaret debido a la incredulidad de la gente, pero cuando halló algunos pocos que creyeron, Él les impuso Sus manos y los sanó. Claramente, la imposición de manos no es una cosa eficaz aparte de la fe, pero su valor es de animar a la gente a creer.

• "Al ponerse el sol, todos los que tenían enfermos de diversas enfermedades los traían a él; y él, poniendo las manos sobre cada uno de ellos, los sanaba" (Lucas 4:40).

• "Y aconteció que el padre de Publio estaba en cama, enfermo de fiebre y de disentería; y entró Pablo a verle, y después de haber orado, le impuso las manos, y le sanó" (Hechos 28:8).

Recibir el Espíritu Santo
• "Entonces les imponían las manos, y recibían el Espíritu Santo" (Hechos 8:17).

• "Y habiéndoles impuesto Pablo las manos, vino sobre ellos el Espíritu Santo; y hablaban en lenguas, y profetizaban" (Hechos 19:6).

Consagración u Ordenación para Servicio
• "A los cuales presentaron ante los apóstoles, quienes, orando, les impusieron las manos" (Hechos 6:6). Los apóstoles consagraron a los siete varones escogidos para ayudarles en la distribución de alimentos a los creyentes necesitados; estos varones eran aparentemente los primeros diáconos.

La Imposición de Manos

* "Entonces, habiendo ayunado y orado, les impusieron las manos y los despidieron" (Hechos 13:3). Los ancianos en Antioquía comisionaban a Pablo y a Bernabé como misioneros a los gentiles. Dios los llamó pero la iglesia reconoció su llamamiento y aprobó su viaje en este tiempo.

* "No descuides el don que hay en ti, que te fue dado mediante profecía con la imposición de las manos del presbiterio" (I Timoteo 4:14). "Por lo cual te aconsejo que avives el fuego del don de Dios que está en ti por la imposición de mis manos" (II Timoteo 1:6). Pablo hizo recordar a Timoteo del don que había recibido por la imposición de las manos de los ancianos incluyendo a Pablo mismo. Estos dos pasajes aparentemente se refieren a la ordenación de Timoteo al ministerio, en cuyo momento también recibió una profecía. El don aquí mencionado probablemente es una unción especial para el ministerio que él recibió de Dios en el momento de su ordenación.

En base a estas dos referencias, algunos han supuesto que en su manera de pensar podrían conceder dones espirituales a otros por medio de la imposición de manos o de la profecía. Pero como ya hemos visto, el capítulo 12 de I Corintios declara enfáticamente que Dios es el que concede los dones. A menudo Dios obra por medio de las oraciones de otros, pero Él concede los dones espirituales según Él decide, y no según la voluntad del hombre. Un ministro a quien Dios ha llamado y cuyo llamamiento y cualidades la iglesia ha examinado, debe esperar una unción y bendición especial cuando los ancianos le ordenan por medio de la imposición de manos.

• "No impongas con ligereza las manos a ninguno, ni participes en pecados ajenos. Consérvate puro" (I Timoteo 5:22). Timoteo tenía la responsabilidad de organizar iglesias y de nombrar ancianos en ellas. Pablo le amonestó a no ordenar gente al ministerio demasiado rápido, porque si no fueren calificados el que los ordenaba tendría que asumir algo de la responsabilidad por sus fracasos.

PROPÓSITO Y SIGNIFICADO

De estos ejemplos del Nuevo Testamento, podemos identificar varios propósitos importantes para la imposición de manos. *Primeramente*, la imposición de manos *simboliza la transferencia de bendiciones de Dios a nosotros*. Esta práctica es particularmente útil en orar por (1) bendición, (2) sanidad, (3) recepción del Espíritu Santo y (4) ordenación a y ungimiento para servicio.

En segundo lugar, la práctica *significa la obra unida del Espíritu de Dios y la iglesia de Dios* para llevar estas bendiciones a individuos. Aunque Dios es soberano y puede hacer estas obras sin manos humanas, Él quiere moverse por medio de Su iglesia. Aunque las bendiciones vienen de Dios, la iglesia las proclama e inspira a la gente a tener la fe para recibirlas.

En tercer lugar, representa la sumisión a Dios y a Su iglesia. En la vida diaria, el tocar la cabeza de alguien expresa una intimidad o autoridad. Un ejemplo típico es cuando un adulto da palmaditas en la cabeza de un niño. Es raro que un adulto toque la cabeza de otro adulto en público. Cuando permitimos que los ancianos impongan

La Imposición de Manos

sus manos sobre nuestras cabezas al orar, demostramos nuestra sumisión a Dios y a los líderes piadosos. La oración sola reconoce nuestra necesidad de Dios, pero la oración acompañada de la imposición de manos reconoce tanto nuestra necesidad de Dios como de la iglesia. Además, puesto que la Biblia enseña la imposición de manos, nuestra aceptación de ella es un acto de fe en obediencia.

En cuarto lugar, la práctica *representa consagración a Dios*. Una sumisión humilde durante un espacio de tiempo conduce al servicio consagrado. Cuando los que oran para recibir el Espíritu Santo reciben la imposición de manos, ellos expresan no solamente su deseo de recibir el Espíritu Santo, sino también su nueva dedicación a Dios. En un culto de ordenación, los receptores no solo buscan la bendición y unción de Dios sobre sus vidas sino también significa su consagración a El y a su iglesia.

En quinto lugar, la imposición de manos es una herramienta poderosa que *enfoca la fe del pueblo para recibir una promesa de Dios en un momento en particular*. En Corea, yo vi el uso eficaz de la imposición de manos en campañas de cinco noches y en campamentos. Generalmente, durante los cultos de las primeras dos o tres noches el evangelista enfatizaría el arrepentimiento y la sumisión a Dios. En los cultos en las últimas dos o tres noches edificaría su fe para recibir. El instruiría al pueblo que si habían preparado sus corazones, entonces cuando sintieran las manos del ministerio sobre sus cabezas deberían esperar recibir el Espíritu Santo, renovación, sanidad o lo que necesitaran de Dios. Después

LOS DONES ESPIRITUALES

de unos pocos minutos de oración, la gente recibiría sus respuestas. Muchos serían bautizados con el Espíritu Santo en pocos días de cultos de campaña en las iglesias locales, y cientos serían llenos en los campamentos.

Cuando yo era un joven en Corea, un soldado norteamericano visitó uno de los campamentos. Fue su primera vez de estar en un culto Pentecostal, y él quiso recibir lo que nosotros teníamos, entonces le expliqué el arrepentimiento. Entonces le instruí, "Cuando tu te has arrepentido completamente y has sometido todo a Dios, abre tu corazón en fe. Sentirás un sentido de alivió a causa de la confesión de tus pecados. En aquel momento, comienza a agradecer a Dios y a alabarle. Como una señal que has llegado a este punto, levanta tus manos en adoración. Cuando yo te vea alabando a Dios, pediré que un ministro coreano te imponga sus manos tal como en el libro de los Hechos y por la fe recibirás el Espíritu Santo." Ciertamente, cuando le impusimos las manos y oramos, él comenzó inmediatamente a hablar en otras lenguas.

Para que la imposición de manos tenga máximo efecto en edificar la fe, no debemos practicarla indiscriminada o casualmente. Es más eficaz cuando la gente comprende su significado y cuando están dispuestos a recibir algo especifico de Dios. Cuando estoy orando con gente que quiere recibir el Espíritu Santo, no les impongo mis manos hasta que parece que se han arrepentido. Si no están familiarizados con esta práctica bíblica, yo les explico, a veces brevemente, mientras que siempre ellos están orando, y les animo a creer al momento que sienten las manos tocarles.

Porque la imposición de manos sobre la cabeza de la

La Imposición de Manos

gente simboliza la autoridad, en público, por lo general, es mejor que solo los que ocupen puestos de liderazgo espiritual—los ancianos (el ministerio) o a quien ellos designan—ejerzan la operación del don. En los relatos bíblicos, siempre eran los líderes espirituales los que imponían sus manos sobre otros. Es más fácil que el receptor tenga confianza y fe si el sabe que la persona que le impone las manos es un líder reconocido y aprobado. Sin embargo, si no hay un líder presente otros creyentes también pueden imponer sus manos sobre la gente que necesita una respuesta de Dios. (Véase Marcos 16:17-18.) Otra opción que ayuda en comunicar el apoyo y la fe en una manera no autoritativa es que un creyente ponga su mano sobre el hombro o el brazo de la persona necesitada cuando esta orando con aquella persona.

La imposición de manos figuraba prominentemente en la conversión de la primera persona que fue bautizada y llena con el Espíritu Santo en nuestra iglesia misionera en Austin (1992). Le enseñamos un estudio bíblico en su hogar; entonces visitó el culto un domingo por la noche y fue conmovida profundamente. El lunes no fue a su trabajo sino se quedó en su casa arrepintiéndose, y esa noche vino a nuestra casa para hablar más acerca de algunas decisiones que tenía que hacer para poder vivir para Dios. Le enseñé más acerca del arrepentimiento y del nuevo nacimiento, y comenzamos a orar por ella. Ella se arrepintió, el Espíritu de Dios comenzó a mover sobre ella, y después de un rato ella dijo, "Estoy lista para ser bautizada." Le llevamos a una piscina privada, donde le explique, "Cuando Ud. salga del agua, comience a alabar a Dios por haberla lavado de todos sus pecados. Le

LOS DONES ESPIRITUALES

impondré mis manos, y en ese momento espere recibir el Espíritu Santo." Cuando ella salió del agua, le impuse mis manos, y fue llena del Espíritu Santo. Inmediatamente comenzó a hablar en lenguas según el Espíritu le daba que hablase.

En el año 1995 un varón con un desorden bipolar, (maníaco-depresivo) vino a nuestra iglesia. A menudo deseaba suicidarse, y había estado internado en diferentes hospitales por años. Después que se arrepintió sinceramente, lo preparé para el bautismo. Le instruí que cuando le impusiera mis manos después del bautismo él debería esperar recibir el Espíritu Santo con la señal de hablar en lenguas. El replicó, "¡Tengo miedo de eso!" Le dije que no debía de preocuparse sino que debía de creer y obedecer y que Dios haría la obra. El consintió. Debido a su reacción, me pregunté si algo sucedería, pero tan pronto como salió del agua y de haberle impuesto las manos comenzó a hablar en lenguas según el Espíritu le dio que hablase. Después de esta experiencia se mejoró su salud mental grandemente, fue librado de los pensamientos suicidas, y pudo conseguir su propio lugar donde vivir.

Cuando enseñamos el significado de la imposición de manos y preparamos a la gente para recibir algo de Dios en el momento de la imposición de manos, entonces veremos muchas sanidades milagrosas y mucho derramamiento del Espíritu. Cuando obedecemos las instrucciones de la Palabra de Dios y de acuerdo con aquellas instrucciones enfocamos nuestra fe, tenemos la seguridad de que Dios nos concederá Sus abundantes bendiciones.

CAPÍTULO DOCE

LAS LENGUAS E INTERPRETACIÓN

Los tres dones del hablar son "profecía, . . . diversos géneros de lenguas, . . . [y] interpretación de lenguas" (I Corintios 12:10). Por medio de estos dones, Dios unge a Su pueblo para comunicar pensamientos de Su mente a la iglesia. Los que son usados en estos dones hablan a los hombres para "edificación, exhortación y consolación" (I Corintios 14:3).

LENGUAS

La palabra griega para "lengua" en los capítulos 12 al 14 en I Corintios es *glossa*. Se refiere primeramente al órgano del cuerpo y después por extensión a alguna lengua hablada. Este pasaje usa claramente la palabra en el último sentido, como vemos en los siguientes ejemplos: "Pero el que habla en lenguas no habla a los hombres, sino a Dios . . . el que habla en lengua extraña, a sí mismo se edifica" (I Corintios 14:2, 4). El que habla no conoce la lengua que está hablando: "Porque si yo oró en lengua desconocida, mi espíritu ora, pero mi entendimiento queda sin fruto" (I Corintios 14:14). A menos que esté presente un extranjero o persona bilingüe, nadie entenderá el mensaje: "Pues nadie le entiende" (I Corintios 14:2). Debemos notar que hay "diversos géneros de lenguas" (I Corintios 12:10). Puede ser que una persona hable en un idioma mientras otra persona hable en un idioma diferente. La misma persona también puede hablar en más de un idioma. La lengua puede ser una que se habla en el mundo hoy o una que ya no existe. Presumiblemente, también puede ser una lengua única creada especialmente por Dios para un solo individuo. I Corintios 13:1 se refiere a "lenguas humanas y angélicas," lo que implica que alguien podría hablar en una lengua angélica. Los ángeles son seres espirituales, y no sabemos como se comunican el uno con el otro, pero quizás hay una lengua celestial que podemos imitar o aproximar en el hablar humano.

He observado a gente hablar en lenguas en diversos lugares del mundo—en África, Asia, Australia, Europa, y Latinoamérica tanto como en los Estados Unidos de Norteamérica—y en todo género de lengua y en toda cultura el fenómeno es lo mismo. He escuchado a gente cantar en lenguas y eso es invariablemente algo hermoso. A veces se presta una melodía; a veces se crea una nueva melodía. Quizás las lenguas más inusuales que yo he oído fueron en primer lugar una lengua melodiosa y tonal que parecía una lengua oriental y fue hablada por un varón en Jackson, Mississippi, y un lenguaje sibilante y gutural que

Las Lenguas e Interpretación

parecía una lengua de los indios de Norteamérica y que fue hablada por un hombre en la ciudad de Houston, Texas.

En un campamento de oración cerca de Inchón, Corea, en el año 1972 escuché a un ministro metodista coreano, quien estuvo sentado a mi lado, hablar en lenguas al recibir el Espíritu Santo. Él repitió rápidamente en el idioma ingles, con perfecta dicción y con ningún acento discernible, "Jesús viene muy pronto. Jesús viene muy pronto." Después de esto le pregunté si él hablaba algo de ingles, pero no hablaba nada de ingles. No había entendido nada de lo que había dicho. Él estuvo hablando en lenguas en el idioma ingles.

Podemos definir el don de lenguas como *el don sobrenatural del hablar en una o más lenguas desconocidas a la persona que habla*. Podemos identificar tres usos de lenguas en la iglesia neotestamentaria: como la señal inicial del bautismo del Espíritu Santo, en devociones personales, y como algo dicho en público que deba ser interpretado. El proceso tanto físico como espiritual es el mismo en cada caso, pero el propósito y el efecto son diferentes, como la siguiente discusión bíblica mostrará.

SE—AL INICIAL DEL BAUTISMO DEL ESPÍRITU SANTO

Primeramente el hablar en lenguas es *la señal inicial que acompaña al bautismo del Espíritu Santo*. Unos ejemplos clásicos son los creyentes judíos en el día de Pentecostés, el hogar gentil de Cornelio, y los discípulos de Juan en Éfeso. (Véase Hechos 2:1-4; 10:44-48; 19:1-6.)

LOS DONES ESPIRITUALES

El día de Pentecostés ilustra que, mientras las lenguas son desconocidas al que habla, es posible que una persona presente tenga conocimiento natural humano de la lengua y así comprenda lo que se ha dicho. (Véase Hechos 2:5-11.) Para ver más discusión acerca del primer uso de las lenguas, tanto como la naturaleza de las lenguas en general, véase el capítulo 9 de *El Nuevo Nacimiento* por David Bernard.

Hablando estrictamente, no debemos usar el término "don de lenguas" para ese primer uso; más bien es una señal que acompaña el "don del Espíritu Santo" (Hechos 2:38). El don del Espíritu Santo es para todos los que creen (Juan 7:38-39; Hechos 2:38-39, 11:15-17). Por contraste, no todos ejercerán el don de lenguas para la edificación del cuerpo (I Corintios 12:4-10, 30).

Tal como Dios concede a los creyentes sabiduría, ciencia, y fe, así el hablar en lenguas es para todos los creyentes. (Véase Marcos 16:17). Sin embargo, en cada caso hay un don espiritual que se extiende más allá de la experiencia diaria de todos los cristianos y que es usado para los momentos especiales de necesidad o de beneficio: la palabra de sabiduría, la palabra de ciencia, el don de fe, y el don de lenguas.

Algunas personas niegan el rol comprobatorio de lenguas y también niegan que todos deban orar para recibir el bautismo del Espíritu Santo con esta señal acompañante. Generalmente ellos citan las declaraciones en los capítulos 12 al 14 de I Corintios que indican que no todos hablan en lenguas o que el hablar en lenguas debe ser controlado en ciertas maneras. Sin embargo, una comparación entre los Hechos y I Corintios rápidamente nos

Las Lenguas e Interpretación

revela que aquellas personas están confundiendo los usos de las lenguas.

El libro de I Corintios fue escrito a creyentes llenos del Espíritu Santo; todos habían sido bautizados con el Espíritu Santo y todos habían hablado en lenguas por lo menos una vez. (Véase I Corintios 6:11, 19; 12:13.) Obviamente ellos comprendieron esta carta de Pablo desde aquella perspectiva. Él no les enseñó que alguno de ellos nunca hablaría en lenguas, pero explicó que no todos ejercerían públicamente el don de lenguas en la vida de la congregación. También enseñó que cuando ejercieran públicamente el don de lenguas, deberían seguir ciertas pautas.

En el día de Pentecostés, ciento veinte creyentes hablaban en lenguas a la vez cuando recibieron el bautismo del Espíritu Santo. (Véase Hechos 1:15; 2:1-4.) También en el capítulo 10 de los Hechos todos en la casa de Cornelio hablaron en lenguas juntamente, y en el capítulo 19 de los Hechos doce discípulos en Éfeso hablaron en lenguas juntamente. Sin embargo, I Corintios 14:27 dice que en un culto público de adoración los creyentes deben de hablar en lenguas por turno a la congregación, y solamente dos o tres personas deberían dar tales mensajes. En los relatos en los Hechos nadie interpretaba las lenguas ni trataban de hacerlo. Sin embargo, de acuerdo al libro de I Corintios, si alguien habla en lenguas en un culto debe orar para la interpretación, y si no hay interpretación debe callarse (I Corintios 14:13, 28).

Este contraste nos obliga a llegar a una de dos conclusiones: o la iglesia apostólica no seguía las instrucciones inspiradas del apóstol Pablo en relación al uso de las

LOS DONES ESPIRITUALES

lenguas, o el uso de lenguas en el libro de los Hechos es diferente al uso de las lenguas en el libro de I Corintios. La primera alternativa no es aceptable, porque socavaría la unidad de la iglesia y la inspiración y la autoridad de las Escrituras. Claramente, entonces, el libro de los Hechos y el libro de I Corintios tratan de dos situaciones distintas. Los Hechos registra el rol de lenguas en la conversión de individuos, mientras I Corintios provee pautas para el uso continuo de las lenguas en reuniones públicas.

DEVOCIÓN PERSONAL

El segundo uso de las lenguas es *en devoción personal para edificación privada*. Varias veces en el capítulo 14 de I Corintios se hace referencia a este uso de las lenguas y anima a su uso:

• "El que habla en lengua extraña, a sí mismo se edifica . . . así que, quisiera que todos vosotros hablaseis en lenguas" (I Corintios 14:4-5). La Biblia anima a todos los creyentes a hablar en lenguas, declarando que esta práctica beneficia y bendice al individuo.

• "Porque si yo oro en lengua desconocida, mi espíritu ora, pero mi entendimiento queda sin fruto. ¿Qué, pues? Oraré con el espíritu, pero oraré también con el entendimiento; cantaré con el espíritu, pero cantaré también con el entendimiento" (I Corintios 14:14-15). Es bueno orar y cantar en lenguas y también es bueno orar y cantar en el idioma conocido.

• "Doy gracias a Dios que hablo en lenguas más que todos vosotros" (I Corintios 14:18). Pablo creía que el uso devocional de lenguas era de gran valor para él per-

Las Lenguas e Interpretación

sonalmente. Al inspirar esta evaluación como parte de las Escrituras, Dios ha animado que todos los cristianos deban hablar en lenguas en sus devociones.

Estas referencias indican que es deseable que cada persona que ha recibido el Espíritu Santo continúe en el uso de hablar en lenguas toda su vida. El significado de I Corintios 12:3 acerca de que no todos hablarán en lenguas parece que pertenece al tercer uso de lenguas del cual hablaremos próximamente, es decir el hablar los mensajes públicos que deben ser interpretados. En práctica, casi todos los que han recibido el Espíritu Santo con la señal inicial de hablar en lenguas siguen hablando en lenguas. Algunos hablan en lenguas frecuentemente como parte de su oración mientras otros solamente hablan en lenguas en ocasión especial de renovación y de gran unción.

Unos pocos no siguen hablando en lenguas aunque sí continúan en servir a Dios. En muchos casos ellos recibieron el Espíritu Santo como niño, y aunque vivir en el Espíritu es una realidad diaria para ellos, la experiencia actual del hablar en lenguas ha llegado a ser algo remoto. Generalmente, si a una persona que ha recibido el Espíritu Santo se le anima a buscar el uso de lenguas para su devoción diaria y a confiar y creer en recibir esta experiencia continua, aquella persona hablará en lenguas otra vez.

Yo recibí el Espíritu Santo cuando tenía siete años de edad, pero no volví a hablar en lenguas hasta que ya era un joven adulto. Como estudiante en la universidad, examiné mis creencias personales y mi experiencia con Dios y comencé a buscar la voluntad de Dios en este

LOS DONES ESPIRITUALES

asunto. Oraba a menudo que Dios me concediese la libertad de hablar en lenguas en devoción privada, porque creía que era Su voluntad que todos los creyentes recibiesen esta bendición. Poco a poco comencé a romper las dudas, a desarrollar un mayor deseo y mayor fe, y a rendirme más completamente al Espíritu.

Un domingo en la noche, mientras estuve orando con varias personas en el altar, comencé a interceder por ellos con una carga pesada. De repente, sin pensarlo ni haberlo deseado conscientemente, comencé a hablar en lenguas. Durante varias semanas, yo hablaba en diversas lenguas en momentos de oración de intercesión. Hoy en día no hablo en lenguas cada vez que oró, tampoco intento hacerlo, pero sí hablo en lenguas a menudo, generalmente cuando estoy orando por alguien o cuando estoy en una actitud de adoración.

Aunque el hablar en lenguas es valioso en la devoción privada, no podemos juzgar nuestra salvación ni nuestra espiritualidad por cuan a menudo hablemos en lenguas. No hay requisito bíblico de que continuemos con el uso de hablar en lenguas después de recibir el Espíritu Santo, tampoco nos dice la Biblia cuan a menudo debemos hablar en lenguas. Si alguien no habla en lenguas a menudo, no debe sentirse culpable ni dudar de su salvación.

Si antes una persona hablaba a menudo en lenguas, o si aquella persona siente que debe hablar en lenguas más a menudo, debe examinarse a sí mismo. Si la falta del uso de hablar en lenguas se debe a una falta de dedicación u oración ferviente, entonces debe renovar su caminar con Dios, no simplemente con el fin de hablar en lenguas sino para acercarse más a Dios. Si se ha alejado de Dios

Las Lenguas e Interpretación

debido a un estilo de vida pecaminoso, debe arrepentirse y ser renovado en el Espíritu. En este caso, el hablar en lenguas otra vez será algo muy deseable como una confirmación de su fe renovada y su rendición al Espíritu de Dios como en el tiempo pasado.

Al igual que con otros dones espirituales, bendiciones, y manifestaciones, el hablar en lenguas no prueba que nuestra doctrina, nuestro estilo de vida, ni nuestra relación con Dios están bien. Simplemente demuestra que en un punto recibimos el Espíritu Santo y que en el momento presente hemos creído y nos hemos rendido a Dios para el ejercicio de esa manifestación en particular.

En vez de simplemente buscar el uso de las lenguas, debemos enfatizar la oración ferviente, el vivir por la fe, el obedecer la Palabra de Dios, y la búsqueda de la santidad. Al hacer eso el uso del hablar en lenguas típicamente tomará lugar en nuestras vidas como medio de edificación personal, pero no llegará a ser una preocupación o panacea.

Enseñé un seminario en Hungría en el año de 1997, lo que fue el primer seminario conducido por la Iglesia Pentecostal Unida en aquel país no mucho antes de la caída del comunismo allí. Uno de los temas fue acerca de los dones espirituales. Me pidieron ordenar a dos jóvenes gitanos quienes eran parte de la concurrencia. Durante mi enseñanza, uno de los jóvenes dijo que no había hablado en lenguas desde que recibió el Espíritu Santo y confesó que se sentía muy apesadumbrado a causa de eso. Respondí que no debería cuestionar su salvación ni su experiencia sino que el hablar en lenguas sería un gran beneficio a su vida espiritual y ministerio y que Dios

LOS DONES ESPIRITUALES

quería concederle aquella libertad. Cuando llegamos al momento de orar, le anime a tener fe, y le impusimos nuestras manos con el fin de que hablara en lenguas. Pronto comenzó a hablar en lenguas por el poder de Dios. Tan pronto que terminó el culto el otro joven confesó que tenía el mismo problema. Le recordé de la experiencia del primer joven y entonces se congregó gente alrededor de él también. Mientras oramos por él con la imposición de manos, él también comenzó a hablar en lenguas.

MENSAJES PÚBLICOS EN LENGUAS DEBEN SER INTERPRETADOS

El tercer uso de lenguas es para dar *mensajes públicos que deben ser interpretados para la edificación general*. A veces Dios habla a la iglesia por medio de la combinación de los dones de lenguas y de la interpretación. El primer don, de lenguas, capta la atención y revela que Dios está tratando de comunicarse con la concurrencia. Debido a que es tan milagroso y espectacular, muchas veces es muy eficaz en alcanzar a los incrédulos que están presentes. El segundo don, la interpretación, hace conocer el mensaje actual que Dios quiere transmitir. A continuación dos referencias bíblicas sobre este uso de lenguas:

• "Así también vosotros; pues que anheláis dones espirituales, procurad abundar en ellos para edificación de la iglesia. Por lo cual, el que habla en lengua extraña, pida en oración poder interpretarla" (I Corintios 14:12-13). El propósito es de bendecir a toda la congregación.

Las Lenguas e Interpretación

• "Si habla alguno en lengua extraña, sea esto por dos, o a lo más tres, y por turno; y uno interprete. Y si no hay intérprete, calle en la iglesia, y hable para sí mismo y para Dios" (I Corintios 14:27-28). Estas pautas se aplican cuando alguien habla a la iglesia en lenguas. Si nadie interpreta, el que habla no debe seguir más y más. En cambio, debe hablarse a sí mismo y a Dios. Puede ser que el propósito del mensaje sea para su propio beneficio, o es que Dios quiere usar a alguien para la interpretación. Aun no se ha rendido totalmente a Dios. En cualquier de los casos, el insistir en hablar en lenguas en público no logrará el propósito de Dios. En pocas palabras, cuando la persona que habla tiene la atención de la iglesia, debe seguir hablando en lenguas solamente cuando se haya dado una interpretación.

En base a este pasaje algunos argumentan que nadie debe hablar en lenguas en ningún momento en un culto público sin que haya interpretación, ni aun cuando todos están alabando a Dios u orando juntos. Pero en aquellos momentos, cada persona habla para su propio beneficio, tal como si estuviera a solas. Nadie trata de captar la atención de la congregación entera, pero cada uno busca edificación personal, y entonces en estos casos el hablar en lenguas sin interpretación es apropiado. El versículo 28 implica que aun en el culto es apropiado hablar en lenguas sin interpretación como un medio de comunicación individual con Dios.

Cuando no ha habido una interpretación, podemos pensar que la iglesia ha fallado, pero puede ser que Dios siempre ha logrado un propósito por hablar a un individuo o por ayudar a alguien a desarrollar mayor sensi-

LOS DONES ESPIRITUALES

bilidad hacia Él. En una ocasión inusual en la ciudad de Baton Rouge, Louisiana, yo escuché un poderoso mensaje en lenguas, pero no hubo interpretación. Sin embargo, aquel mensaje tocó a dos personas en una manera muy eficaz.

En primer lugar, a una tía mía quien estuvo en el culto, se le había contado acerca de la experiencia Pentecostal, pero ella nunca había oído a alguien hablar en lenguas. Muchas veces se había preguntado si el hablar en lenguas era algo verídico. Aquella noche ella se convenció de que sí era algo verídico, y ella dijo que Dios había hecho aquel milagro para el beneficio de ella.

En segundo lugar, un estudiante libanés quien estuvo estudiando en la Universidad Estatal de Louisiana, dijo que el idioma del mensaje era su idioma nativo, el arábigo. En un principio estuvo enojado con la persona que le había invitado al culto, y le preguntó, "¿Cómo es que tú arreglaste para que alguien me hablase en público reprendiéndome por mis pecados?" Por supuesto ni el amigo que le llevó al culto ni la persona quien dio el mensaje podía hablar el arábigo ni tenía ninguna idea del significado del mensaje. Dios usó ese milagro para hablarle directamente a él.

En el transcurso de un culto la iglesia muchas veces puede sentir que Dios está a punto de hablar por medio del don de lenguas. A veces hay una interrupción notable, un silencio santo. A veces el director del culto se dará cuenta de lo que va a acontecer. En un culto un domingo por la noche en Austin, llegamos al momento para la predicación; sin embargo, yo sentí que Dios iba a hablar por medio de los dones de lenguas e interpretación, entonces

Las Lenguas e Interpretación

seguí guiando a la congregación en adoración. Pronto mi esposa dio un mensaje en lenguas, y alguien más dio la interpretación. Otra vez antes del comienzo de un culto el domingo por la noche en Austin, mientras oraba yo en el cuarto de oración sentí que el Señor hablaría a la congregación por medio de los dones del Espíritu. Cerca del final del culto, hubo una manifestación de lenguas, interpretación, y profecía.

Cuando Dios se mueve sobre alguien para hablar a la iglesia en lenguas, aquella persona siente una unción fuerte que él puede distinguir claramente del uso devocional de lenguas. Podrá hablar con seguridad y autoridad. En la misma manera, la iglesia reconoce el mensaje como un mensaje público y no simplemente el uso devocional de lenguas.

INTERPRETACIÓN DE LENGUAS

La palabra griega que se traduce "interpretación" es *ermeneia*, de la cual sale la palabra *hermeneutica*, que significa principios de interpretación. Interpretar significa "explicar el significado de" o "traducir oralmente." Significa dar el sentido de algo, pero no necesariamente significa traducir palabra por palabra.

Cuando alguien habla a la congregación en lenguas, el don de interpretación de lenguas capacita a aquella persona a proclamar el significado del mensaje. "Por lo cual, el que habla en lengua extraña, pida en oración poder interpretarla . . . si habla alguno en lengua extraña, sea esto por dos o a lo mas tres y por turno y uno interprete" (I Corintios 14:13, 27). Podemos definir la interpretación

LOS DONES ESPIRITUALES

de lenguas como el don de una capacidad sobrenatural de traducir o explicar el significado de un mensaje público en lenguas.

En muchos casos, es imposible traducir una palabra de un idioma a otro idioma usando una sola palabra, especialmente si los idiomas no son íntimamente relacionados. Para algunas palabras no hay equivalente exacto, y algunas palabras tienen unos matices o connotaciones que requieren una explicación en otro idioma.

Por ejemplo, el idioma griego tiene varias palabras que se traducen *amor: ágape* (el amor desinteresado), *fileo* (un amor fraternal), y *eros* (amor erótico). La palabra coreana *kibun* se refiere a las actitudes, sentimientos, la disposición, o dignidad de uno; no hay palabra española para traducirla. Para describir a una mujer hermosa, el español tiene "bonita, guapa, preciosa, linda, agraciada, elegante," etcétera, todos ellos con diferentes grados de sentido, pero el coreano generalmente usa una sola palabra, *yehpun* o *ipun*. En cada caso, para hacer justicia completa a la lengua original pueden requerirse varias palabras o varias oraciones en la segunda lengua.

Debido a estas diferencias, un corto mensaje en lenguas puede tener una interpretación larga o viceversa. La traducción literal de "¡Gloria a Dios!" en el idioma coreano es "*hananim-keh, chanyang-ul, turimnida.*" Una razón del porque la frase coreana es más larga es que cada oración coreana tiene una terminación que no se puede traducir, lo que es equivalente a un punto hablado o un signo de interrogación y lo cual indica el estado relativo del que habla y el que oye. La invitación sencilla "venga" se traduce al coreano en varias maneras depen-

Las Lenguas e Interpretación

diendo de si la persona que habla está hablando a un animal, a un niño, o a un amigo cercano *(wa)*; un igual social *(osehyo)* un huésped o un superior *(oshipsheo)*; o un rey o Dios *(osheosupso)*. En los últimos dos casos "venga por favor" es *osheherul paramnida* y *osheherul paranahida*.

Además, una interpretación a veces consiste en una exposición o ampliación del mensaje original. Por ejemplo, Daniel le dio a Belsasar la interpretación de las palabras que Dios escribió en una pared. Las palabras eran "MENE, MENE, TEKEL, UPARSÍN." La traducción literal es "contado, contado, pesado, roto." Pero Daniel dio la siguiente interpretación: "Esta es la interpretación del asunto: MENE: Contó Dios tu reino, y le ha puesto fin. TEKEL: Pesado has sido en balanza, y fuiste hallado falto. PERES: Tu reino ha sido roto, y dado a los medos y a los persas" (Daniel 5:26-28).

Dios da las interpretaciones de acuerdo a la capacidad mental, el conocimiento, y la expectativa de la persona que habla. Él usará el vocabulario, el acento, y la gramática de la persona que habla para trasmitir Su mensaje.

No debemos descontar un mensaje a causa del acento de cierta región, una gramática no adecuada, una palabra no pronunciada bien, ni una expresión anticuada, pero debemos reconocer que Dios ha trasmitido Su mensaje por medio de un instrumento humano. Como una analogía, Dios ha inspirado todos los libros de la Biblia y cada palabra refleja exactamente Su mensaje, mas el estilo, el vocabulario, y la gramática de los libros reflejan las personalidades, los trasfondos, y las culturas de los

LOS DONES ESPIRITUALES

diversos autores humanos.

Diferentes personas reciben interpretaciones en diferentes maneras. Algunos inicialmente reciben una idea, palabra, frase, o aun una imagen visual. Al comenzar a hablar en fe, Dios sigue impartiendo Su mensaje y las palabras fluyen. Otros explican que una interpretación viene en una manera muy parecida al hablar en lenguas—con la cooperación de su lengua pero sin el entendimiento anticipado de sus mentes. Ellos oyen y comprenden el mensaje juntamente con los demás.

El capítulo 14 de I Corintios provee pautas para el uso correcto de los dones de lenguas, de interpretación, y de profecía en el culto público. (Véase capítulo 14 de este libro). Aunque el ejercicio verdadero de estos dones es de Dios, no debemos decir que todo el ejercicio es infalible. Cada oyente debe juzgar si el mensaje es verdaderamente de Dios, en parte o completamente, y debe juzgar como le corresponde a él personalmente. (Véase I Corintios 14:29 y nuestra discusión en el capítulo 13 de este libro). Es posible que el mensaje básico sea de Dios pero que el mensajero humano añada sus propios pensamientos falibles debido a la ignorancia, celo excesivo, u orgullo. Algunas personas se hacen tan orgullosas de un mensaje que han dado que presumen o aceptan como hecho que todos sus pensamientos y sentimientos en el momento deben ser del Señor. Es posible que un mensaje sea completamente carnal o aun demoníaco.

Tal como con las lenguas, he visto muchos ejemplos de la interpretación de lenguas en muchos lugares alrededor del mundo. Es particularmente interesante ver la operación de lenguas e interpretación en un idioma que

Las Lenguas e Interpretación

no sea del oyente. En Corea escuché unos mensajes en lenguas, seguidos por las interpretaciones en el idioma coreano, lo que yo comprendí. En Italia, escuché un mensaje en lenguas seguido de una interpretación en italiano, lo que no comprendí; un varón que hablaba tanto italiano como inglés interpretó el mensaje para mí.

En el año 1986, cuando sentí que era el momento de dejar Jackson, Mississippi, una de mis mayores preocupaciones era de cómo respondería mi esposa. Ella estaba muy ocupada en la iglesia y en el Instituto, tenía muchos amigos, y estaba muy contenta. Yo quería que ella sintiese la misma dirección que yo sentía. Orábamos juntos para la voluntad de Dios.

Un día ella estuvo conversando por teléfono con una hermana de la iglesia, y ellas comenzaron a orar. Esa hermana no tenía ningún conocimiento de lo que yo y mi esposa estábamos contemplando, pero ella habló a mi esposa en lenguas e interpretación. En esencia, ella dijo, "Dios está a punto de cambiar la dirección de tu vida. Tu no entiendes ahora pero no te preocupes. Todo estará bien."

Para mi asombro, mi esposa se volvió tan ansiosa como yo de salir, aunque no sabíamos a donde íbamos. El Señor hizo una obra simultáneamente en nuestros corazones, y Él usó la profecía para darle una confirmación a mi esposa.

En una conferencia femenina, mi esposa sintió una fuerte carga para orar por una amiga. Mientras oraba, Dios habló por medio de ella en lenguas e interpretación, dando un mensaje de ánimo para un momento de prueba. Aunque mi esposa no sabía nada acerca de las circun-

LOS DONES ESPIRITUALES

stancias, más luego la hermana confirmó que las palabras ministraban a sus necesidades y le daban fuerza en un momento crucial.

En el otoño del año 1995, nuestra joven iglesia en Austin enfrentó una situación difícil. Habíamos llenado completamente nuestro edificio alquilado y teníamos necesidad de construir nuestro propio local si es que deseábamos seguir creciendo. Sobre un período de dos años, habíamos comprado una propiedad, desarrollado los planos arquitectónicos, conseguido el terreno y los permisos pertinentes y conseguido el financiamiento. Sin embargo, cuando llegamos al punto de comenzar la construcción, nos dimos con la sorpresa que necesitábamos otros cien mil dólares debido a ciertos requerimientos especiales y el auge en el número de construcciones en ese momento. La situación parecía sin esperanza.

El día Jueves 19 de octubre, hicimos un culto de oración en la iglesia. Mientras terminaba el culto, de repente un joven comenzó a hablar en lenguas, dando también la interpretación. El Señor nos dijo: "Ustedes no pueden ver sanidad, pero yo veo sanidad. Ustedes no pueden ver un milagro pero yo puedo ver un milagro. Ustedes no pueden ver un edificio nuevo, pero yo veo un edificio nuevo."

Instantáneamente sentimos una fuerte confirmación del Espíritu. Mi suegra fue sanada esa misma noche de una herida a la columna vertebral. El martes siguiente, durante un culto, el abuelo de mi esposa murió de un aparente derrame cerebral y fue resucitado. El próximo jueves, un banco principal en Austin aprobó nuestra solicitud para un préstamo de construcción por el monto

Las Lenguas e Interpretación

total que necesitábamos, con una taza de interés que hizo que la letra de pago de la hipoteca sería mas o menos lo mismo que habíamos presupuestado. Entonces, dentro de una semana después de la palabra inicial del Señor, vimos una sanidad, un milagro, y la aprobación para nuestro nuevo edificio.

CAPÍTULO TRECE

PROFECÍA

El último don vocal del que hablaremos es la profecía. El sentido básico del verbo griego *profeteu* es "hablar bajo inspiración" (Strong). Puesto que a menudo Dios revelaba el futuro por medio de los profetas bíblicos, el verbo adquiría el sentido secundario de "predecir eventos." Entonces, el verbo profetizar tiene dos sentidos correspondientes: "revelar por inspiración divina" y "predecir con certeza como si por inspiración divina." El sustantivo *profecía* también significa "un mensaje inspirado" o "una predicción del futuro, hecha bajo inspiración divina." En otras palabras, la profecía puede ser "un mensaje inspirado o una predicción del futuro."

Entonces, en un sentido general, cada mensaje ungido por Dios es una profecía. (Véase por ejemplo Ezequiel 37:4, 9.) En esa manera abarca la predicación, las alabanzas, y los testimonios. Por definición no se requiere que sea una predicción del futuro. El guía de Juan en Apocalipsis le dijo: "Yo soy consiervo tuyo, y de

LOS DONES ESPIRITUALES

tus hermanos que retienen el testimonio de Jesús. Adora a Dios; porque el testimonio de Jesús es el espíritu de la profecía" (Apocalipsis 19:10). En ese sentido todos los creyentes neotestamentarios pueden profetizar (Joel 2:28; Hechos 2:17). La profecía es uno de los dones de servicio (Romanos 12:6). Sin embargo, I Corintios 12:10 habla de la profecía en un sentido más restringido. Cada creyente debe tener un testimonio ungido (Hechos 1:8). Cada predicador debe predicar el evangelio bajo la unción del Espíritu (I Corintios 2:1-4). Sin embargo, de acuerdo a I Corintios 12:4-11, hay un don específico de la profecía que no todos ejercen.

Este don es el equivalente del don de lenguas seguido por el don de la interpretación. "El que habla en lengua extraña, a sí mismo se edifica; pero el que profetiza, edifica a la iglesia. Así que, quisiera que todos vosotros hablaseis en lenguas, pero más que profetizaseis; porque mayor es el que profetiza que el que habla en lenguas, a no ser que las interprete para que la iglesia reciba edificación" (I Corintios 14:4-5). Entonces el don de la profecía es un mensaje de Dios tan sobrenatural y tan específico como el don de lenguas y el don de interpretación. Lo podemos definir como *el don de un mensaje sobrenatural que viene directamente de Dios en el idioma de la persona que habla y de los oyentes.*

El capítulo 14 de I Corintios dice que la persona que da el mensaje es un "profeta." Otra vez, esto es un uso especializado y restringido que se aplica estrictamente a la ocasión. Una persona que da una profecía no es necesariamente un profeta permanente en términos del minis-

Profecía

terio quintuple de Efesios 4:11-16. Como estudiamos en el capítulo 1, ese pasaje se refiere al oficio de un profeta. Por supuesto, por definición se espera que alguien que ocupa el oficio de un profeta ejerza el don de la profecía en todo momento.

El don de la profecía se puede operar en varias maneras. Puede ser que un predicador hable proféticamente en medio de un sermón. Puede ser que alguien en medio de la congregación hable a la concurrencia en un mensaje en el idioma conocido, parecido a la interpretación de lenguas. A veces Dios ungirá a un individuo para dar una profecía a otro individuo.

En un sentido general, cada predicador ungido profetiza cuando predica, pero a veces, durante el transcurso de su mensaje, Dios le dará una palabra directa para la iglesia o para ciertos individuos. Puede ser que a veces el predicador no se de cuenta completamente de lo que está sucediendo, pero en otros momentos puede saber que él acaba de hablar una palabra específica para alguien en particular. Puede ser que no sepa a quien es dirigida la palabra, o puede ser que Dios se le revele exactamente quién es el receptor. Como el ejemplo del Sumo Sacerdote Caifás nos demuestra, es posible que Dios hable proféticamente por medio de alguien sin que aquella persona se de cuenta completamente del hecho o sin que comprenda la profecía. (Véase Juan 11:49-52.)

UNOS EJEMPLOS BÍBLICOS

Hechos 11:27-28 proveen un ejemplo de profecía pública: "En aquellos días unos profetas descendieron

LOS DONES ESPIRITUALES

de Jerusalén a Antioquía. Y levantándose uno de ellos, llamado Agabo, daba a entender por el Espíritu, que vendría una gran hambre en toda la tierra habitada; la cual sucedió en tiempo de Claudio." La iglesia en Antioquía respondió a esta profecía al enviar ayuda financiera a los creyentes en Judea, quienes eran relativamente pobres.

Se conocían a las hijas de Felipe el evangelista por sus profecías. "Este tenía cuatro hijas doncellas que profetizaban" (Hechos 21:10). Para ameritar tal mención, su ministerio tendrá que haber sobrepasado lo normal; probablemente ellas predicaban y ejercían el don de la profecía.

Hechos 21:10-11 ofrece un ejemplo de una profecía personal: "Y permaneciendo nosotros allí algunos días, descendió de Judea un profeta llamado Agabo, quien viniendo a vernos, tomó el cinto de Pablo, y atándose los pies y las manos, dijo: Esto dice el Espíritu Santo: Así atarán los judíos en Jerusalén al varón de quien es este cinto, y le entregarán en manos de los gentiles."

Previamente, algunos discípulos le habían dado a Pablo un mensaje similar. "Y hallados los discípulos, nos quedamos allí siete días; y ellos decían a Pablo por el Espíritu, que no subiese a Jerusalén" (Hechos 21:4). El libro de los Hechos dice que Pablo sí fue a Jerusalén, donde fue arrestado. Allí él fue enjuiciado, detenido en prisión por muchos meses, y eventualmente enviado a Roma debido a una apelación. Al cierre del libro de los Hechos él estuvo bajo arresto domiciliario. La tradición nos dice que finalmente fue ejecutado en la ciudad de Roma. Sin embargo, no hay indicio de que él fallara a la voluntad de Dios. De hecho, él estuvo totalmente convencido de que Dios quiso que fuera a Jerusalén a pesar de las consecuencias, y sus colaboradores finalmente aceptaron su decisión como la voluntad de Dios (Hechos 21:13).

APLICANDO UNA PROFECÍA

La historia anterior nos ilustra que, en el análisis final, solo los receptores de una profecía pueden entender lo que la profecía les significa. Deben discernir si una profecía es de Dios, y si lo es, en qué sentido la profecía les pertenece. "Asimismo, los profetas hablen dos o tres, y los demás juzguen" (I Corintios 14:29).

En el caso de Pablo, la profecía actual no era "tú no debes ir a Jerusalén," sino "si tú te vas a Jerusalén, tendrás que sufrir persecución y arresto." Todos los demás pensaban que esa profecía era el método de Dios de decirle a Pablo que no debería irse a Jerusalén, y ellos le rogaban que no fuese, pero Pablo conocía lo que Dios ya le había instruido. El dedujo correctamente que el propósito de la profecía no era el de cambiar su idea acerca de viajar, sino el de prepararlo para el futuro y de animarlo a que Dios siempre estaría al control a pesar de las circunstancias adversas. La advertencia actual y la predicción de peligro vino "por el Espíritu," pero el mensaje de que no debería de irse a Jerusalén no fue inspirado por el Espíritu.

Como se habló en el capítulo 1, el propósito primordial de los dones espirituales no es el de ser una autoridad en la vida de alguien, ni de revelar la voluntad de Dios que en otros casos permanecería escondida. En cambio, son parte del proceso de edificación y confirmación. La persona que profetiza debe tener cuidado de no permitir que su propios pensamientos afecten la profecía y debe tener cuidado de no formar sus propias conclusiones acerca del significado, para alguien más, de la profecía. La persona que recibe una profecía debe tener cuidado de no dejar que sea un sustituto para su propia relación con Dios y su propio juicio.

Por ejemplo, si alguien profetiza a un individuo, "Dios le está llamando a ser misionero al Brasil," el receptor debe evaluar cuidadosamente lo que Dios está haciendo en su vida. No debe de actuar sobre aquella palabra a menos sea la culminación de un proceso en lo cual Dios ya ha tratado acerca del asunto, o a menos que Dios lo confirme por medio de un proceso más amplio de oración y consejos espirituales. El ejercicio de un don espiritual puede sembrar una semilla o servir como una confirmación, pero no sirve como sustituto para la oración, estudio bíblico, y consejos pastorales en el hallar la voluntad de Dios.

Como estudiamos acerca de las interpretaciones, las profecías no son infalibles como la Biblia. Por supuesto lo que es de Dios es verídico, pero es posible que aun una persona bien intencionada deje que un poco de su propio pensamiento entre en una profecía. Puede elaborar en un pensamiento que Dios dio, o puede mal entender. Oí una vez a un predicador proclamar públicamente que Dios sanaría a cierto individuo quien estaba muriendo de una enfermedad fatal. En mi corazón, yo esperaba y oraba que la palabra fuese cierta, pero no sentí una confirmación. Después que murió la persona enferma, un líder explicó el error de aquel predicador en una manera no juiciosa: "Escuchamos hablar la voz de la esperanza." El predicador había errado, pero no de motivos o influencias malas sino por seguir emociones y deseos humanos.

UNOS EJEMPLOS CONTEMPORÁNEOS

En muchas ocasiones, he escuchado profecías públicas del Señor. Típicamente son mensajes de exhortación y de ánimo que llenan una necesidad especial o que proveen una bendición especial en un culto en particular.

Una notable profecía dada en una conferencia general advirtió que un misionero recién comisionado tendría que enfrentarse con una prueba grande en el campo misionero, y se cumplió la profecía tal como se dijo.

Mientras estaba enseñando en el Instituto para Ministros en Jackson, un ministro visitante oró conmigo después de un culto y me dio una profecía. La esencia de aquella profecía era que pronto Dios abriría una nueva puerta para mí. Después el ministro me preguntó, "¿Sabes de que se trata esta profecía? ¿Ha estado el Señor tratando contigo acerca de algo"? Él no trató de decirme la intención de la profecía, pero él indicó que Dios me haría saber.

En aquel tiempo algunas nuevas oportunidades se me habían presentado, pero no vi un cumplimiento directo de la profecía. Sin embargo, unos meses después las circunstancias cambiaron significantemente, una nueva puerta se abrió, y sabía que era tiempo de hacer una transición, aunque en una manera diferente de la yo que antes había considerado. Esta profecía sirvió para sembrar en mi

LOS DONES ESPIRITUALES

mente una semilla para que pudiera estar preparado al llegar la nueva dirección. No mucho después, el Señor nos dirigió a la siguiente fase del ministerio. Nos mudamos a San Luis, donde llegué a ser el editor asociado en la división editorial de la Iglesia Pentecostal Unida Internacional.

En el mes de Junio del año 1989, un poco antes de la caída del comunismo, prediqué en una reunión de ministros apostólicos en Leningrado, Unión Soviética (ahora Saint Petersburg, Rusia). Nuestro misionero a Europa Oriental recientemente había hecho el primer contacto cara a cara con los creyentes apostólicos en Rusia desde el tiempo del ministerio de Andrés Urshan en el año 1916, antes que los comunistas tomaran control. Nuestro misionero en Finlandia había viajado la segunda vez para ayudar en organizar esta reunión. Yo le acompañé para reunirme con los representantes de toda la Unión Soviética. Yo iba a predicar y a enseñar, explicar nuestras creencias, contestar preguntas, y explorar terreno común con nuestros creyentes.

Cuando comencé a predicar en el culto el domingo por la mañana, dije, "Él Señor quiere llenar a alguien con el Espíritu Santo aquí hoy." En ese momento, no consideré esa declaración como una profecía, sino un sentimiento basado en la voluntad general de Dios. Sin embargo, sin mi conocimiento esas palabras presentaban un reto especial a la congregación. Debido a años de cultos en secreto, persecución y aislamiento, ellos habían desarrollado la costumbre de orar por el Espíritu Santo solamente en sus casas. Conducían el culto en una manera formal y en voz baja, y cuando alguien deseaba

Profecía

recibir el Espíritu Santo, hacían una cita para encontrarse con aquella persona después. Nadie recibía el Espíritu Santo en la iglesia. Después de mi predicación, el Señor comenzó a moverse en una manera poderosa. La gente comenzó a llorar y orar, pero el pastor trató de cerrar el culto. Él escogió a alguien que diera la bendición, pero esa persona comenzó a orar en el Espíritu, y entonces otra persona comenzó a orar en la misma manera ferviente. Sin embargo, el pastor terminó abruptamente el culto.

Aquella tarde, los varones regresaron para enseñanza, preguntas, y discusión. Un tema acerca del cual me preguntaron era la sanidad divina, y yo afirme fuertemente que cada iglesia local debería orar para la sanidad de los enfermos. Al final, una persona que me había hecho una pregunta avanzó hacia delante y pidió oración con la imposición de manos para su sanidad. Cuando él rompió la tradición en esa manera, cada otro varón en el edificio también avanzó hacia delante para oración. El Espíritu de Dios se movió fuertemente, y pronto un varón recibió el Espíritu Santo. Él había venido desde Odesa, Ucrania—una distancia de más o menos 1,600 Kilómetros—con la esperanza de recibir esta experiencia. A ese punto, el pastor local se paró y dijo con un cambio de actitud, "Nuestro visitante del occidente profetizó que alguien recibiría el Espíritu Santo aquí hoy. Ahora Dios ha cumplido Su palabra profética.

Mientras mi esposa y yo estuvimos en Nairobi, Kenya, en un viaje misionero en el año 1989, recibí una llamada de mi madre, quien estaba en Norteamérica. Mi hermana Karen se había despertado de un sueño vivo que ella pensaba que era del Señor. En el sueño, yo era físicamente atacado y mis brazos y mis piernas fueron amputados. Karen estuvo tan perturbada por ese sueño que se despertó sollozando y mi madre sintió que fue importante avisarme de la posibilidad de un peligro inminente. Quizás podemos considerar aquel sueño como una palabra de sabiduría a mi hermana y el mensaje resultante a mí como una profecía.

A mi conocimiento no me encontré con ningún peligro en Kenya, pero poco después de mi regreso a Norteamérica, me encontré con una oposición sorprendente hacia mí de varias personas quienes habían leído mal o estaban en desacuerdo con un artículo doctrinal que yo había escrito.

Yo sentí que esa fuerte oposición era el cumplimiento del sueño de mi hermana. Habiendo sido advertido por aquella profecía, guardaba mi confianza de que Dios estaba en control. Expliqué mi posición a los que me preguntaban, pero traté de dejar la situación entera en las manos del Señor. Al final de cuentas, a la iniciativa de aquellos que se habían opuesto, la situación total fue resuelta armoniosamente.

En varias ocasiones, mientras he estado dirigiendo un culto, predicando, orando, o aconsejando, el Señor me ha inspirado a hablar palabras no planeadas ni improvisadas que pertenecían a una situación o persona. En algunos casos no me di cuenta del extento al cual Dios había hablado por medio de mi persona hasta después. En otros momentos, sentí inmediatamente que las palabras eran especialmente ungidas, y a veces un individuo ha confirmado más tarde que las palabras eran destinadas a

Profecía

él o ella personalmente. Mi esposa ha tenido experiencias similares en aconsejar y animar a diversas personas.

En un culto un domingo por la noche en 1997, estuve predicando en Austin acerca de la gracia de Dios. Cerca del fin del mensaje, de repente sentí una unción poderosa de dar un aviso fuerte en contra del juicio propio. Ese punto no estaba en mis planes, y tampoco ocupó directamente mi línea de pensamiento, pero instantáneamente vi cómo podría concordar con mis palabras. Mas tarde mi esposa, mi suegra, y un asistente pastoral dijeron que vieron una transformación que me sobrevino mientras hablé aquellas palabras. Ellos dedujeron que la comunicación del mensaje no era característica en mi persona y estilo, sino era absolutamente de Dios.

Mientras hablé, me di cuenta inmediatamente a quién fueron dirigidas mis palabras, pero no sabía si él las recibiría. La impresión fue tan fuerte que yo estuve preocupado que me acusaría de haberle atacado deliberadamente, aunque no me dirigí directamente a ninguna situación identificable. Sabía que podría reaccionar con enojo y amargura.

El siguiente miércoles por la noche el varón se me acercó arrepentido. Dijo que él entendió inmediatamente que la declaración que hice era de Dios y fue destinada a él personalmente. Dios trató fuertemente con él durante los próximos dos días hasta que cambió su actitud y comportamiento. El mensaje profético apagó un problema potencialmente serio y trajo una transformación espiritual.

CAPÍTULO CATORCE

I CORINTIOS 14: LOS DONES VOCALES EN EL CULTO PÚBLICO

Después de presentar los dones espirituales y de enseñar la importancia de la unidad y del amor en el ejercicio de ellos, I Corintios nos instruye en cuanto a su uso correcto en el culto público. Nos provee pautas para eliminar la confusión y establecer orden para el propósito de los dones espirituales—para glorificar a Cristo y para edificar a Su cuerpo—pueda ser cumplido. El capítulo 14 de I Corintios habla particularmente acerca de los dones del hablar—lenguas, interpretación de lenguas y profecía—porque ellos tienen la potencialidad de ser usados mal en un culto.

Algunos comentaristas niegan los dones espirituales hoy, y para reforzar su argumento ellos enfatizan algunos de los comentarios en el capítulo 14 de I Corintios en relación a la reglamentación de los dones vocales. Tristemente, los que no tienen experiencia espiritual en estos asuntos no son calificados para hacer comentarios. I Corintios 2:12-14 explica, "Y nosotros no hemos reci-

LOS DONES ESPIRITUALES

bido el espíritu del mundo, sino el Espíritu que proviene de Dios, para que sepamos lo que Dios nos ha concedido, lo cual también hablamos, no con palabras enseñadas por sabiduría humana, sino con las que enseña el Espíritu, acomodando lo espiritual a lo espiritual. Pero el hombre natural no percibe las cosas que son del Espíritu de Dios, porque para él son locura, y no las puede entender, porque se han de discernir espiritualmente." Solo los que están llenos del Espíritu tendrán la capacidad de comprender y saber usar correctamente los dones espirituales.

Dios inspiró al apóstol Pablo para escribir los capítulos 12-14 de I Corintios para corregir algunos abusos en la iglesia de Corinto. Los creyentes allí ejercían celosa pero inmaduramente los dones espirituales sin pensar en el propósito por lo cual Dios los había dado. El resultado era el caos y la confusión en lugar de la edificación. La intención de la corrección de Pablo no era el disminuir los dones espirituales sino el acrecentar su uso e intensificar su eficacia. La solución al abuso no es el desuso sino el uso correcto. El capítulo 14 de I Corintios habla solamente acerca de los que ejercen o quieren ejercer los dones espirituales sobrenaturales.

Lejos de minimizar los dones espirituales, I Corintios fuertemente anima a su uso continuo en una manera correcta, como enseñan las siguientes declaraciones:

• "Así como el testimonio acerca de Cristo ha sido confirmado en vosotros, de tal manera que nada os falta en ningún don, esperando la manifestación de nuestro Señor Jesucristo" (I Corintios 1:6-7).

• "Procurad, pues, los dones mejores. Mas yo os muestro un camino aun más excelente" (I Corintios

12:31).
- "Seguid el amor; y procurad los dones espirituales, pero sobre todo que profeticéis" (I Corintios 14:1).
- "Así que, quisiera que todos vosotros hablaseis en lenguas, pero más que profetizaseis; porque mayor es el que profetiza que el que habla en lenguas, a no ser que las interprete para que la iglesia reciba edificación" (I Corintios 14:5).
- "Así también vosotros; pues que anheláis dones espirituales, procurad abundar en ellos para edificación de la iglesia" (I Corintios 14:12).
- "Doy gracias a Dios que hablo en lenguas más que todos vosotros" (I Corintios 14:18).
- "¿Qué hay, pues, hermanos? Cuando os reunís, cada uno de vosotros tiene salmo, tiene doctrina, tiene lengua, tiene revelación, tiene interpretación. Hágase todo para edificación" (I Corintios 14:26).
- "Así que, hermanos, procurad profetizar, y no impidáis el hablar lenguas" (I Corintios 14:39).

LA PROFECÍA Y LAS LENGUAS EN EL CULTO PÚBLICO (I CORINTIOS 14:1-14)

Este pasaje nos manda procurar los dones espirituales y entonces explica el valor relativo de los tres dones vocales en el culto público.

"Seguid el amor; y procurad los dones espirituales, pero sobre todo que profeticéis" (I Corintios 14:1).

LOS DONES ESPIRITUALES

La primera mitad de la oración pone a los dos capítulos anteriores en perspectiva: debemos seguir primeramente el amor, y habiendo hecho eso debemos procurar los dones espirituales. Entonces la escritura nos dice que la profecía es especialmente deseable en cultos públicos.

"Porque el que habla en lenguas no habla a los hombres, sino a Dios; pues nadie le entiende, aunque por el Espíritu habla misterios. Pero el que profetiza habla a los hombres para edificación, exhortación y consolación. El que habla en lengua extraña, a sí mismo se edifica; pero el que profetiza, edifica a la iglesia. Así que, quisiera que todos vosotros hablaseis en lenguas, pero más que profetizaseis; porque mayor es el que profetiza que el que habla en lenguas, a no ser que las interprete para que la iglesia reciba edificación" (I Corintios 14:2-5).

Los versículos 2 al 5 hacen un contraste entre la profecía y las lenguas, explicando que la profecía es más beneficiosa en los cultos públicos que las lenguas, a menos que haya interpretación para las lenguas. Una persona que habla en lenguas habla a Dios, mientras una persona que profetiza habla a otras personas. El hablar en lenguas beneficia solamente al que habla, mientras la profecía beneficia a la congregación entera. Entonces, entre un grupo, la profecía es más valiosa que las lenguas solas. Sin embargo, si el hablar en lenguas es acompañado por la interpretación, entonces tiene el mismo valor que la profecía.

Los Dones Vocales en el Culto Público

"Ahora pues, hermanos, si yo voy a vosotros hablando en lenguas, ¿qué os aprovechará, si no os hablare con revelación, o con ciencia, o con profecía, o con doctrina? Ciertamente las cosas inanimadas que producen sonidos, como la flauta o la cítara, si no dieren distinción de voces, ¿cómo se sabrá lo que se toca con la flauta o con la cítara? Y si la trompeta diere sonido incierto, ¿quién se preparará para la batalla? Así también vosotros, si por la lengua no diereis palabra bien comprensible, ¿cómo se entenderá lo que decís? Porque hablaréis al aire. Tantas clases de idiomas hay, seguramente, en el mundo, y ninguno de ellos carece de significado. Pero si yo ignoro el valor de las palabras, seré como extranjero para el que habla, y el que habla será como extranjero para mí" (I Corintios 14:6-11).

Estos versículos proveen ejemplos de la superioridad de un mensaje compresible. Un flautista y un arpista deben tocar notas distintas para crear una canción, y un trompetero militar tiene que tocar notas distintas dando órdenes para la batalla. De igual modo que la corneta, cuando alguien habla a la congregación debe usar palabras entendibles para comunicarse, o sino es como un extranjero.

Estas declaraciones son veraces, tanto para el don sobrenatural de la profecía como para la profecía en el sentido general de todos los mensajes ungidos incluyendo la predicación. Versículo 6 usa cuatro palabras para describir un mensaje en un idioma conocido. No son mutuamente exclusivas, pero juntas cubren todo tipo del

LOS DONES ESPIRITUALES

hablar espiritual en la iglesia, sea revelado directamente por Dios ("revelación") o adquirido por medio del estudio de la palabra de Dios ("ciencia").

"Así también vosotros; pues que anheláis dones espirituales, procurad abundar en ellos para edificación de la iglesia" (I Corintios 14:12).

Esta oración enuncia el principio de procurar el mayor bien para la iglesia. Si realmente queremos ser espirituales, debemos pensar de las necesidades de otros. Debemos ser sobresalientes en el ministerio al cuerpo. Claramente este pasaje no describe a alguien recibiendo el Espíritu Santo u orando individualmente. Se refiere a la adoración unida. Aparentemente, los creyentes corintios eran tan celosos para los dones espirituales que cuando se reunían el hablar en lenguas dominaba su adoración unida. Sin embargo, tenían muchas otras oportunidades de hablar en lenguas para edificación personal. Deberían usar su tiempo valioso en las reuniones haciendo algo que podría edificar al cuerpo.

"Por lo cual, el que habla en lengua extraña, pida en oración poder interpretarla. Porque si yo oro en lengua desconocida, mi espíritu ora, pero mi entendimiento queda sin fruto" (I Corintios 14:13-14).

Estos versículos hablan del uso práctico en relación a las lenguas en un culto público: si Dios se mueve en un individuo para hablar al grupo en lenguas, entonces aquella persona debe orar para que Dios le dé la interpretación. En esta manera será capaz de bendecir a todos en lugar de solamente a él mismo.

ALGUNAS CONCLUSIONES EN RELACION AL USO DE LOS DONES VOCALES EN EL CULTO PÚBLICO (I CORINTIOS 14:15-25)

"¿Qué, pues? Oraré con el espíritu, pero oraré también con el entendimiento; cantaré con el espíritu, pero cantaré también con el entendimiento" (I Corintios 14:15).

Aquí tenemos la conclusión para el uso personal de las lenguas: Es valioso orar y cantar en lenguas, y es valioso orar y cantar en el idioma propio. Ambas manifestaciones son importantes; ninguna debe ser menospreciada o desacreditada. La implicación es que cada una tiene su propio tiempo y su propio lugar.

"Porque si bendices sólo con el espíritu, el que ocupa lugar de simple oyente, ¿cómo dirá el Amén a tu acción de gracias? pues no sabe lo que has dicho. Porque tú, a la verdad, bien das gracias; pero el otro no es edificado. Doy gracias a Dios que hablo en lenguas más que todos vosotros; pero en la iglesia prefiero hablar cinco palabras con mi entendimiento, para enseñar también a otros, que diez mil palabras en lengua desconocida" (I Corintios 14:16-19).

Estos versículos elaboran aun más sobre la distinción

entre los usos públicos y privados de las lenguas, reiterando el pensamiento de los versículos 1-14. Si alguien es llamado a orar una oración representativa, es mejor que ore en el idioma común para que todos puedan tener una evaluación bien fundada sobre la oración ofrecida a favor de ellos (versículos 16 y 17). Las lenguas son muy valiosas para la devoción personal; de hecho, nadie superó a Pablo en ese aspecto (versículo 18). Sin embargo, "en la iglesia"—en reuniones de creyentes—unas cuantas palabras compresibles son más valiosas que muchas palabras no conocidas (versículo 19).

Los versículos 15 y 16 y los versículos 18 y 19 son paralelos. Tanto el versículo 15 y como el versículo 18 proclaman el valor de las lenguas en devoción privada. Por otro lado, el versículo 16 tanto como el versículo 19 ilustran la superioridad del uso de palabras comprensibles en cultos públicos.

"Hermanos, no seáis niños en el modo de pensar, sino sed niños en la malicia, pero maduros en el modo de pensar" (I Corintios 14:20).

Alguien que no comprende estos principios es espiritualmente inmaduro. Debemos ser como niños en relación a la maldad—tal como para el odio, la mala voluntad, y la venganza—pero en la comprensión espiritual debemos ser maduros. (Véase Romanos 16:19.)

"Así que, las lenguas son por señal, no a los creyentes, sino a los incrédulos; pero la profecía, no a los incrédulos, sino a los creyentes. Si, pues, toda la

Los Dones Vocales en el Culto Público

iglesia se reúne en un solo lugar, y todos hablan en lenguas, y entran indoctos o incrédulos, ¿no dirán que estáis locos?" (I Corintios 14:22-23).

Para explicar aun más el propósito de las lenguas, el versículo 21 cita Isaías 28:11-12, y el versículo 22 revela que este pasaje del Antiguo Testamento es un tipo o una sombra profética preliminar del hablar en lenguas en la iglesia neotestamentaria. Específicamente, un mensaje público en lenguas es una señal a la gente faltos de fe, sean inconversos o cristianos que tienen preguntas, desánimo, o duda. Aunque ellos pueden fácilmente descontar o ignorar un mensaje en su propio idioma, el mensaje milagroso los confronta con lo sobrenatural. Ellos tienen que decir: ¿Este mensaje es falso?, o ¿Es un milagro de Dios? Si es un milagro de Dios, ¿Qué quiere Dios que yo haga? El mensaje en lenguas capta la atención del incrédulo para que él considere más seriamente la interpretación que va a seguir.

Un estudiante universitario cuya especialidad de estudio era la economía visitaba nuestra iglesia en Austin en diferentes ocasiones. El conoció a un contador público en nuestra iglesia y desarrollo un gran respeto por su profesionalismo y espiritualidad. En un culto dominical el contador público dio un mensaje en lenguas, que fue interpretado. Aunque el estudiante había sido un tanto escéptico, este milagro le persuadió que el hablar en lenguas era real. Era una señal convincente para un incrédulo.

Por el otro lado, la profecía principalmente beneficia a los creyentes—los que son salvos o que por lo menos

LOS DONES ESPIRITUALES

reconocen lo sobrenatural. Ellos no necesitan la operación del don de lenguas para convencerlos a creer en lo milagroso y escuchar el mensaje de Dios, aunque la operación del don de lenguas siempre puede servir como ánimo y confirmación.

"Si, pues, toda la iglesia se reúne en un solo lugar, y todos hablan en lenguas, y entran indoctos o incrédulos, ¿no dirán que estáis locos? Pero si todos profetizan, y entra algún incrédulo o indocto, por todos es convencido, por todos es juzgado; lo oculto de su corazón se hace manifiesto; y así, postrándose sobre el rostro, adorará a Dios, declarando que verdaderamente Dios está entre vosotros" (I Corintios 14:23-25).

Los versículos 23 al 25 hacen la relación directa a los cultos públicos—cuando "la iglesia entera se reúne en un lugar." Las lenguas sin una interpretación no benefician al inconverso o a la persona no instruida en cuanto a los dones que asiste al culto. Si todos hablan en lenguas personales y devocionales todo el tiempo en un culto público, el inconverso que está presente no aprende nada, sino que piensa que todos están locos. Pero una predicación, un testimonio, o el don de la profecía en el idioma conocido convencerá al incrédulo, revelará los secretos de su corazón, y le guiará al arrepentimiento y a la adoración. Aquí vemos la importancia de usar los dones espirituales para bendecir a otros y especialmente para alcanzar a los perdidos.

A primera vista los versículos 23 al 25 pueden parecer

Los Dones Vocales en el Culto Público

contradecir el versículo 22, pero no lo hacen. El versículo 22 habla del valor de la señal de un mensaje público en lenguas que es seguido por una interpretación. El mensaje en lenguas capta la atención del incrédulo, transformándole en uno que cree en el mover de Dios. Entonces la interpretación le instruye. En este sentido la interpretación es equivalente a la profecía. Los dos son beneficiosos para la gente que asiste a la iglesia como incrédulos, pero quienes abren sus corazones y sus mentes en fe debido a la manifestación del Espíritu.

Los versículos 23 al 25 contrastan las lenguas privadas y devocionales con la profecía, mostrando que aquellas lenguas no tienen valor cuando dominan a un culto público, pero la profecía si es de valor. El versículo 22 explica el propósito valido de las lenguas—funcionando como una señal a los incrédulos—cuando se usan correctamente en un culto, mientras el versículo 23 explica el impedimento de las lenguas—confundiendo a los incrédulos—cuando no son usadas correctamente.

**UNAS PAUTAS PARA EL ORDEN
EN EL CULTO PÚBLICO
(I CORINTIOS 14:26-40)**

"¿Qué hay, pues, hermanos? Cuando os reunís, cada uno de vosotros tiene salmo, tiene doctrina, tiene lengua, tiene revelación, tiene interpretación. Hágase todo para edificación" (I Corintios 14:26).

Un típico culto neotestamentario puede incluir himnos de alabanza, enseñanzas, lenguas, revelaciones (men-

LOS DONES ESPIRITUALES

sajes proféticos), e interpretaciones. Los que minimizan o se oponen a las lenguas el día de hoy ignoran este patrón de un culto. Sus cultos nunca contienen algunos de estos elementos, entonces se ve claramente que su entendimiento y sus experiencias son imperfectas. Este versículo argumenta a favor del uso de los dones del Espíritu en los cultos, siempre que se ejerzan por el propósito correcto: la edificación del cuerpo.

"Si habla alguno en lengua extraña, sea esto por dos, o a lo más tres, y por turno; y uno interprete. Y si no hay intérprete, calle en la iglesia, y hable para sí mismo y para Dios. Asimismo, los profetas hablen dos o tres, y los demás juzguen. Y si algo le fuere revelado a otro que estuviere sentado, calle el primero. Porque podéis profetizar todos uno por uno, para que todos aprendan, y todos sean exhortados" (I Corintios 14:27-31).

Aquí encontramos unas pautas prácticas para los cultos en la iglesia para asegurar que los dones espirituales vocales se ejerzan para la edificación de toda la congregación:

1. *En un culto, permita dos o máximo tres mensajes en lenguas* (hablando a toda la congregación). (Versículo 27). Aunque el hablar en lenguas es una notable señal para el incrédulo, tres mensajes son adecuados para demostrar el poder milagroso de Dios y para establecer la señal. Más mensajes añaden poco de valor y pueden llegar a ser una distracción.

Los Dones Vocales en el Culto Público

2. *Después de un mensaje en lenguas, espere una interpretación* (versículo 27). Por otro lado, la lengua no beneficia a la congregación.

3. *Si no sigue una interpretación, la persona que habla debe callarse* (versículo 28). No debe seguir hablando a la congregación en lenguas porque no les está beneficiando, pero puede seguir orando en lenguas en voz baja, para su propio beneficio.

4. *En una reunión, permita que haya dos o máximo tres profecías públicas* (mensajes sobrenaturales en el idioma conocido para la congregación entera) (versículo 29). Este número es suficiente para comunicar el mensaje de Dios para dicha ocasión.

5. *Los oyentes deben evaluar todos los mensajes proféticos* (versículo 30). Aunque Dios es infalible, ningún ser humano lo es. Entonces, cualquier mensaje de un ser humano puede ser total o parcialmente erróneo. Como se habló en el capítulo trece, cada oyente tiene la responsabilidad de discernir si una profecía es de Dios y, si es, cómo afecta su vida. En este contexto, juzgar no quiere decir buscar error, condenar, u objecionar públicamente. Significa simplemente evaluar la validez y la relevancia del mensaje.

Si la persona que habla y el oyente son llenos de y motivados por el Espíritu Santo, el Espíritu que mora dentro del oyente verificará que él sí ha recibido un mensaje del Señor. Si no hay tal verificación, el oyente debe preguntarse si ha sido sensible al Espíritu y si él ha sentido lo que los demás en la iglesia han sentido. Las siguientes declaraciones bíblicas, aunque en contextos un poco diferentes ilustran el principio que un creyente

LOS DONES ESPIRITUALES

maduro debe poder discernir la obra del Espíritu: "El Espíritu mismo da testimonio a nuestro espíritu, de que somos hijos de Dios" (Romanos 8:16). "Y nosotros no hemos recibido el espíritu del mundo, sino el Espíritu que proviene de Dios, para que sepamos lo que Dios nos ha concedido . . . En cambio el espiritual juzga todas las cosas" (I Corintios 2:12,15). "El que tiene oído, oiga lo que el Espíritu dice a las iglesias" (Apocalípsis 2:7). Como se habló en el capítulo 3, la norma autoritativa por la cual juzgamos todas las cosas, incluyendo las profecías, es la Biblia. El discernimiento espiritual es algo subjetivo, pero la Palabra escrita es objetiva. Si un mensaje contradice a la Biblia, siempre debemos seguir a la Biblia.

6. *Si hay más de una profecía, los que hablan deben hacerlo por turno* (versículos 30-31). No deben competir el uno con el otro para recibir atención, tampoco deben profetizar dos personas a la vez. Después que una persona ha profetizado y es evidente que una segunda persona también tiene una profecía, la primera persona debe callarse y dejar hablar a la segunda persona. La iglesia es bendecida más cuando todos tienen una oportunidad tanto de hablar como de escuchar. Al oír profetizar a una variedad de personas, todos pueden aprender y ser animados. Todos potencialmente pueden ejercer este don según Dios les capacite.

Por supuesto, de las pautas previas podemos aprender que no todos pueden hablar en un solo culto. Sin embargo, sobre un período de tiempo, todos deben tener una oportunidad de participar en alguna manera en la vida de la iglesia por compartir un testimonio, un pensamiento devocional, un pasaje significante de la Escritura o una profecía especial. Cuando el versículo 27 dice, "Que uno interprete," significa simplemente, "Que alguien interprete." No hay requisito, que cuando una persona hable en lenguas, otra persona tiene que interpretar, porque el versículo 13 instruye al que habla en lenguas que debe pedir "poder interpretarla." Tampoco enseña el versículo 27 que solamente una persona puede interpretar diferentes mensajes en lenguas. Una interpretación tiene la misma función que una profecía. Puesto que varias persona pueden profetizar, así también varias personas pueden hablar en lenguas y a la vez varias personas pueden interpretar.

"Y los espíritus de los profetas están sujetos a los profetas; pues Dios no es Dios de confusión, sino de paz. Como en todas las iglesias de los santos" (I Corintios 14:32-33).

El versículo 32 afirma que podemos operar de acuerdo a las reglas anteriores y el versículo 33 explica porqué estas reglas son necesarias. Como se habló en el capítulo 4, cuando Dios nos da un don, Él no elimina nuestra voluntad humana ni se impone a nuestra libertad de escoger. El don es sujeto al uso correcto como al mal uso, y es nuestra responsabilidad usarlo correctamente. Si alguien ora fervientemente hasta hablar en lenguas, Dios no detiene el mensaje solamente porque las circunstancias no son apropiadas. El que habla debe regular el don de acuerdo a los principios de la Palabra de Dios. Cuando actúa así, él no apaga al Espíritu, sino usa correctamente

LOS DONES ESPIRITUALES

el don y el poder de escoger que Dios le ha dado. Supongamos que Dios le da un mensaje profético a alguien. El individuo siempre tiene que decidir si el mensaje es exclusivamente para su propio benéfico, para otro individuo, o para la iglesia entera. También debe decidir cuándo es el momento apropiado para darlo. Aun cuando él discierne correctamente el propósito y el tiempo de Dios, debe cooperar con el liderazgo espiritual de la iglesia para no causar interrupción o confusión.

En cada iglesia, Dios tiene más interés en la paz, la unidad, la cooperación, y la sumisión mutua que en el tiempo exacto y la entrega de una cierta profecía. Dios puede lograr el propósito de una profecía en muchas maneras y tiempos y por medio de varias personas, pero nunca aprueba el desorden, la contienda o la rebelión. Entonces el que da una profecía puede y debe aprender a controlar su propio espíritu para que hable en la manera y el tiempo que edificará al cuerpo.

"Vuestras mujeres callen en las congregaciones; porque no les es permitido hablar, sino que estén sujetas, como también la ley lo dice. Y si quieren aprender algo, pregunten en casa a sus maridos; porque es indecoroso que una mujer hable en la congregación" (I Corintios 14:34-45).

Los versículos 34 y 35 tratan de otro problema que estaba causando confusión en las reuniones de los creyentes corintios. No solo causaba perturbación el hablar en lenguas indiscriminado y no regulado, sino también las preguntas alborotadoras de algunas mujeres en la iglesia lo hacían. Solo podemos especular en cuanto a la naturaleza exacta del problema, pero aparentemente algunas mujeres de Corinto estaban interrumpiendo los cultos por hacer preguntas en voz alta. En aquellos días las mujeres normalmente no recibían una educación formal como los hombres. En reuniones públicas, los varones tenían el derecho de cuestionar a un orador públicamente, pero las mujeres no se gozaban de aquel derecho. Podría ser que las mujeres cristianas en Corinto estaban gozándose tanto en su nueva libertad en Cristo que violaban esa costumbre social por preguntar al predicador durante su mensaje cuando no entendían algo que había dicho. O podría ser que en los cultos los hombres se sentaban en un lugar y las mujeres en otro, tal como en las sinagogas de los judíos ortodoxos hoy en día, y las mujeres hablarían a sus esposos en voz alta cuando tenían preguntas.

En cualquier caso, la solución al problema era que las mujeres guardasen silencio en el culto y preguntasen a sus esposos en el hogar. Por interrumpir el culto, estaban trayendo vergüenza sobre ellas mismas y deshonrando el liderazgo de sus esposos.

Algunas persona interpretan la admonición de que las mujeres deberían guardar silencio como una prohibición absoluta, prohibiendo que las mujeres predicaran o profetizaran, pero tanto el contexto inmediato como toda la Escritura niegan esa idea. En el contexto, el guardar silencio de las mujeres en la iglesia está unido con el preguntar a sus esposos en el hogar, mostrando que la prohibición se refiere al hacer alboroto en la iglesia y no depender de sus esposos para contestar a sus preguntas.

LOS DONES ESPIRITUALES

I Corintios 11:5 explica que las mujeres no pueden orar ni profetizar con sus cabezas descubiertas. La inferencia es que si tienen la cubierta del cabello largo (I Corintios 11:15), así reconociendo el liderazgo de sus esposos, entonces pueden orar y profetizar en el culto público. De hecho, I Corintios 14:31 dice, "Porque podéis profetizar todos uno por uno," haciendo ninguna distinción entre hombre y mujer en ese sentido. Además, el libro de Hechos dice específicamente que, de acuerdo con el plan de Dios para los últimos días, las mujeres profetizaban en la iglesia primitiva (Hechos 2:17; 21:9).

I Timoteo 2:11-12 también enseña que una mujer debe guardar silencio en la iglesia. Otra vez, esta declaración no es una prohibición absoluta, pero en el contexto prohíbe que las mujeres tomen el rol de liderazgo de los varones y que lleguen a ser maestras autoritativas sobre los varones. Ambos testamentos muestran que, bajo la dirección general de los varones, las mujeres pueden ocupar muchos roles de liderazgo en el reino de Dios. Debora era una juez de Israel, y ella, tanto como Hulda y la esposa de Isaías también era una profetiza (Jueces 4:4; II Crónicas 34:22; Isaías 8:3.) Febes era una "sirvienta" (griego, *diáconos*) de la iglesia en Cencrea. Priscila, junto con su esposo Aquila era una de las colaboradoras de Pablo y enseñó un estudio bíblico al predicador "Bautista" Apolos (Hechos 18:26; Romanos 16:3). Otras obreras evangélicas eran Pérsida, Trifena, y Trifosa (Romanos 16:12), y Junias aun era considerada como una apóstol junto con Andrónico, probablemente su esposo (Romanos 16:7).

Los Dones Vocales en el Culto Público

"¿Acaso ha salido de vosotros la palabra de Dios, o sólo a vosotros ha llegado? Si alguno se cree profeta, o espiritual, reconozca que lo que os escribo son mandamientos del Señor. Mas el que ignora, ignore" (versículos 36-38).

Aquí el apóstol inspirado anticipó la probable respuesta de algunos cristianos inmaduros a las instrucciones que se dan en este capítulo: "Pero yo soy espiritual, y no puedo apagar al Espíritu. Yo soy un profeta, y Dios me dio a mí un mensaje para entregar, no importa cuales sean tus reglamentos. Dios me habló a mí antes de que te hablara a ti. De hecho, ¡Me habló a mí en lugar de ti!" Pablo dio una reprensión apostólica a los que piensan en esta manera. La gente que es verdaderamente espiritual reconocerá la necesidad de orden en la iglesia, de sumisión al liderazgo, y del ejercicio cuidadoso de los dones para asegurar los beneficios para la iglesia entera. Reconocerá que estos mandamientos vienen de Dios mismo. Los que rechacen estas pautas permanecerán espiritualmente inmaduros e ignorantes.

"Así que, hermanos, procurad profetizar, y no impidáis el hablar lenguas; pero hágase todo decentemente y con orden" (versículos 39-40).

Los versículos 39 y 40 resumen las enseñanzas del capítulo, proveyendo en pocas palabras la solución al problema de perturbación en la iglesia de Corinto. A los corintios no les faltaban dones espirituales y manifestaciones, pero como se ve a través de la epístola, sí

LOS DONES ESPIRITUALES

les faltaba la madurez y la unidad. (Véase, por ejemplo, I Corintios 1:10-13; 3:1-4.) Las más importantes manifestaciones espirituales que ellos necesitaban eran las profecías—mensajes comprensibles a la iglesia entera que reforzarían la iglesia. En vez de más manifestaciones individuales, necesitaban dones que reforzarían la unidad y que guiarían a una madurez caracterizada por el cuidado y la consideración de uno por el otro.

Aquí encontramos un principio de significado general: en los cultos públicos, además de adorar a Dios, nuestras metas principales deben ser escuchar de Dios y ministrar los unos a los otros. Debemos orar que Dios nos hable colectivamente por medio de la profecía en cada sentido de la palabra—la predicación ungida, la enseñanza, y el testimonio, tanto como los mensajes sobrenaturales que vienen directamente de Dios en el idioma local. Necesitamos también los dones de lenguas e interpretación, que juntos nos proveen el mismo beneficio como la profecía.

Aunque Pablo enfatizaba los dones más necesarios en cultos públicos, y no como muchos comentaristas de hoy, él no desanimaba ni menospreciaba ningún don espiritual. Al tratar de traer orden a los cultos caóticos no quiso que nadie pensara que él se oponía a los dones como el don de lenguas. Tampoco quiso que nadie entendiera mal ni interpretara mal sus instrucciones para que así pudiesen prohibir mensajes públicos en lenguas, que sean en teoría o en la práctica. El simplemente quería asegurarse que todos los mensaje públicos fuesen para el beneficio de todos.

Finalmente, sea lo que hagamos en el culto público,

deberíamos hacerlo decentemente y en orden. La palabra griega traducida "decentemente" es *euschemonos*, que proviene de *euschemon*, que significa "decoroso, propio, noble, honorable." El adjetivo aparece en I Corintios 7:35 y 12:24. No debemos permitir confusión, caos, rebelión, o egoísmo, pero todo lo que hagamos debe ser para el bien de la iglesia.

Cada uno de nosotros tiene una responsabilidad de cumplir esta admonición en nuestra iglesia local. El pastor es últimamente el responsable de guiar a la iglesia correctamente. El líder del culto es responsable a seguir la dirección del Espíritu, no apagando al Espíritu, pero tampoco permitiendo violaciones de las pautas bíblicas de las cuales hemos hablado. Típicamente, situaciones desordenadas pueden ser tratadas con tino por promover la adoración congregacional, por cambiar el orden del culto, o, si es necesario, por hablar unas pocas palabras de instrucción pública o privada. En raras ocasiones, una represión pública por el pastor es necesaria para contrarrestar una influencia demoníaca o carnal que busca dominar el culto.

La responsabilidad de cada miembro es de seguir las pautas que han sido dadas, ser sensibles al Espíritu, y seguir la dirección del pastor y del líder del culto. Una congregación madura puede vencer cualquier imprudencia espiritual negativa y unirse para lograr victoria espiritual en una iglesia.

Podemos resumir la enseñanza entera sobre los dones espirituales en los capítulos 12 al 14 de I Corintios por los principios que hallamos en los últimos dos versículos. *En primer lugar*, debemos procurar fervientemente todos los

LOS DONES ESPIRITUALES

dones del Espíritu, particularmente los que beneficiarán a la iglesia entera bajo las circunstancias particulares. *En segundo lugar*, no debemos prohibir ni desanimar la operación de ningún don espiritual, en cuanto que sea usado para bendecir a todos. *Finalmente*, debemos conducir todas las actividades espirituales en una manera decente y ordenada para que así cumplamos los objetivos supremos de glorificar a Jesucristo y de edificar Su cuerpo.

Preguntas de discusión:

Los Dones del Hablar en Lenguas

Capítulos 12-14

1. ¿Por qué es la profecía el don más beneficial en un servicio o en una reunión publica?

2. ¿Cómo puede el hablar en lenguas ser beneficial para su vida espiritual? ¿Cómo puede ser de beneficio para la iglesia?

3. ¿Qué parámetros pone la Biblia en el hablar en lenguas en una congregación de adoración? ¿y por qué?

4. ¿Qué dones espirituales siente que Dios le ha dado y como piensa desarrollar estos dones?

5. ¿Qué implica la idea de tener parámetros acerca del control de los dones espirituales en una asamblea?

CONCLUSIÓN

Dios "es poderoso para hacer todas las cosas mucho más abundantemente de lo que pedimos o entendemos, según el poder que actúa en nosotros" (Efesios 3:20). Nosotros que somos llenos del Espíritu Santo, reconozcamos el potencial sobrenatural que descansa en nosotros y permitamos que el Espíritu de Dios fluya por medio de nosotros. Nuestro Dios no es distante; Él está presente en nuestras vidas con poder milagroso. Cuando tenemos el Espíritu Santo, tenemos al autor de todos los nueve dones espirituales morando dentro de nosotros, y Él puede activar cualquier don que necesitamos.

Ejercitemos una fe sencilla para recibir los dones milagrosos de Dios, y que no descuidemos los dones que Él ya ha puesto en nuestro medio. Cuando sea que las necesidades se presenten, debemos creer a Su Palabra y creer que Él puede obrar por medio de nosotros. Su poder esta obrando "en nosotros"; debemos dejarlo fluir por medio de nosotros para suplir las necesidades. En esta manera los dones del Espíritu llegarán a ser instrumentos vitales para reforzar a los santos y para alcanzar a los perdidos con el Evangelio de Jesucristo.

Acerca del autor

David K. Bernard es el superintendente general de la Iglesia Unida Pentecostal Internacional. Es el fundador de New Life United Pentecostal Church de Austin, Texas y el presidente fundador del Urshan Graduate School of Theology. Tiene el J.D. con honores (University of Texas), D.Th. (University of South Africa) y B.A. con honores superiores (Rice University). Más que treinta de sus libros han sido publicados en alrededor de cuarenta idiomas. Él y su esposa Connie tienen tres hijos y varios nietos.

Works by David K. Bernard:

Pentecostal Theology Series
Vol. 1: The Oneness of God*
Vol. 2: The New Birth*
Vol. 3: In Search of Holiness (with Loretta Bernard)*
Vol. 4: Practical Holiness
A Study Guide for The Oneness of God
A Study Guide for The New Birth
A Study Guide for In Search of Holiness
A Study Guide for Practical Holiness
   (Each volume can be purchased in hardback with Study Guide included)

Biblical Theology (Other)
A Handbook of Basic Doctrines*
Doctrines of the Bible (ed. with J. L. Hall)
In the Name of Jesus
Justification and the Holy Spirit
On Being Pentecostal (with Robin Johnston)
The Oneness View of Jesus Christ
Spiritual Gifts*
God's Infallible Word
Understanding God's Word

Practical Theology
The Apostolic Church in the Twenty-first Century
The Apostolic Life
Growing a Church
The Pentecostal Minister (ed. with J. L. Hall)
Spiritual Leadership in the Twenty-first Century

Commentaries
The Message of Colossians and Philemon
The Message of Romans

Booklets
Essential Doctrines of the Bible*
Essentials of Oneness Theology
Essentials of the New Birth*
Essentials of Holiness
Understanding the Articles of Faith
Bible Doctrines and Study Guide

Church History
A History of Christian Doctrine, Vol. 1:
   The Post-Apostolic Age to the Middle Ages
A History of Christian Doctrine, Vol. 2:
   The Reformation to the Holiness Movement
A History of Christian Doctrine, Vol. 3:
   The Twentieth Century
Oneness and Trinity, AD 100-300
The Trinitarian Controversy in the Fourth Century

CD
Pentecostal Digital Library, Vol. 1:
   Complete Works by David K. Bernard
Preaching the Apostolic Faith
Teaching the Apostolic Faith
Pentecostal Pulpit Series, Vol. 3:
   David K. Bernard (with audiovisual CD)
An Introduction to Apostolic Pentecostal Theology (4 books)

*Literatura disponible en Español

Order from:
Pentecostal Publishing House
Call: 866.819.7667
E-mail: *pphsales@upci.org*
Or Visit: *www.pentecostalpublishing.com*